KB270197

역사의 뒷담화

역사의 뒷담화

역사의 뒷담화

박 철 규 지음

애플북스

Contents

'양반은 글 덕, 상놈은 발 덕'라는 옛말이 있다. 나는 아무리 따져봐도 후자 쪽이다. 그 때문인지 나는 온갖 곳을 돌아다니며 들을 것, 못 들을 것 그리고 볼 것, 못 볼 것 다 듣고 보았다. 그 내용이란 것도 내 수준에 맞아 형편없이 수준이 낮다. 그 그릇에 그 밥이란 속담이 어찌나 딱 들어맞는지.

나는 청각 장애인이다. 귀가 어둡다. 불편하기가 이를 데가 없지만 귀가 어두워서 꼭 나쁜 것만은 아니다. 귀 밝은 사람들은 서울 거리의 소음에 견딜 수가 없다며 진절머리를 내지만 귀 어두운 나는 그렇지 않다. 서울 거리를 걷는 것이 산사(山寺)로 올라가는 길을 걷기나 하는 것처럼 조용하기가 이를 데 없다. 불가(佛家)에서는 이를 평등이라 이른다.

점잖고 학식 많은 사람들도 논어, 맹자, 주역 따위의 골치 아프고 어려운 책들만 읽지는 않는다. 읽기가 부담스러우니 우스

개 골계소설(滑稽小說)이나 남녀가 얼려 농탕질을 진하게 치는《금병매(金瓶梅)》따위를 남 몰래 읽고는 즐거워하기도 한다. 나는 내가 듣고 본 것들의 내용이 골계소설 수준일 거라고 생각한다. 그래서 재미가 있을 것 같아 그 내용을 옛날 책 속의 것들과 짝을 맞추어보았다. 그리고 틈틈이 종이 위에 엮어 글로 써보았다. 부끄럽지만 용하게도 글이라는 꼴이 되어주니 재미있어 보이기도 했다. 하기야 제 자식은 다 잘나 보인다고 했다. 그렇다면 할 말은 없지만 미친 사람이 호랑이를 잡는다는 말이 있듯 나는 만용을 부려 그 글들을 모아 여기 한 권의 책으로 내게 되었다.

망언다사(妄言多謝)

러시아식 협상

아시아에서 술을 제일 먼저 만들어 마셨던 곳은 중국이라고 역사는 알려준다. 주익중(周翼中)이라는 옛 중국 사람이 쓴 《북산주경(北山酒經)》에는 술이 하나라에서 처음 생겼다고 나온다. 4,000년도 훨씬 이전에 의협이라는 관리가 뽕잎으로 어찌어찌해 처음 술을 빚었다는 것이다. 마을 사람들이 그 술을 처음 맛보고는 '하, 이럴 수가'라며 감탄했는데 몸이 둥둥 떠서 하늘로 올라가는 것 같았다. 입 소문, 귀 소문을 듣고는 너도나도 술을 마시는 바람에 쥐 죽은 듯 조용하던 나라가 그만 시끄러워지기 시작했다.

왕 대우(大禹)는 그 까닭이 '무슨 물'에 있음을 듣고는 직접 그 물을 마셔보았다. '아, 이런 물맛이!'라며 감탄했지만 몸이 오싹했다. 그 물을 그대로 두면 나라가 망할 것 같은 생각이 들었기 때문이다. 대우는 그 물을 백성들이 못 마시도록 칙령을 내렸다. 역사상 첫 금주령이었다. 술망나니를 두고 하는 말인 '주귀(酒鬼)'도 이때 처음 생겨났다.

그 물이 삽시간에 산을 넘고 강을 건너 러시아 땅으로 흘러들어 '보드카'가 되었다. 오늘날까지 보드카는 러시아 사람들과 떼려야 뗄 수 없는 관계다. 중요한 외교 담판에도 보드카가 끼어들고 있으니 말해 무엇 하랴. 보드카를 놓고 벌이는 협상을 러시아 사람들은 고상하게도 '러시아식 협상'이라 부른다. '좋소' 하면서 이 협상 제의에 끼어들었다가는 패가망신하기 일쑤다. 옛날 이야기를 예로 들 필요 없이 비교적 최근의 실화를 통해 러시아식 협상이 어떤 것인지 알 수 있다. 알아두면 상식으로도 좋다.

동서독이 통일될 무렵 동독 주둔 소련군 사령관은 부르라코프 장군이었는데 그는 동독을 떠난 뒤 회고록《친구로서 떠나네》를 썼다. 그는 투박한 러시아 사람답지 않게 썩 유머러스한 사람이었던 것 같다. 동독에 머물 때 일어난 일 가운데 재미있는 것들만 골라 회고록을 엮어놓았기 때문이다. 한때 이 회고록은 독일에서 날개 돋친 듯 팔려나갔다. 그중 한 일화다.

1990년 12월 2일 비스도르프 주둔 동독 소련군 사령부로 서독 기관원 세 사람이 찾아왔다. 그들의 손에는 동독 공산당 당수 호네커의 체포영장이 들려 있었다. 당시 호네커는 세상이 뒤집어지자 당황하면서 몸을 얼른 소련군 기지로 피해 소련군의 보호를 받고 있었는데 바로 그 호네커를 내놓으라는 것! 그러나 소련 병사들은 그들을 들이지 않았다. 그럴 권한도 없었다.

서독 기관원들이 정문에서 호네커를 내놓지 않으면 한 발짝도 물러설 수 없노라고 으름장을 놓자 정문 앞은 양편의 실랑이로 시끄러웠다. 보고를 받은 칼리닌 중장은 정문으로 나와서는 호네커 체포 문제를 두고 '소련식 협상'을 하자고 제의했다. 기관원들은 앞뒤 생각 없이 그 제의를 덥석 받아들였다.

소련식 협상이란 협상 대표들이 보드카 병들이 늘어선 협상 테이블을 사이에 두고 마주 앉아 권커니 자커니 병 나팔을 불면서 즐겁게 이야기를 나누는 것이다. 그 협상 끝에 서독 기관원들은 완전히 녹초가 되어 자신들이 거기에 뭣 때문에 왔는지조차 깜빡 잊었다. 어쨌든 협상은 협상이다. 협상 의제인 호네커 체포 문제는 소련 대표가 흰 종이 위에 호네커 이름을 커

다랗게 쓰고 기관원들이 체포영장을 그 호네커 이름 위에 놓는 것으로 타결되었다. 기관원들은 협상을 '성공적'으로 끝마치고는 기분 좋게 소련군 기지를 떠났다. 다음 날 기관원 하나가 술이 깨고서는 소련군 기지로 전화를 걸었다.

"혹시 어제 체포영장을 거기 두고 오지 않았습니까?"

수염전쟁

"민숭민숭한 놈들, 보기만 해도 간지러워, 어서 물려라!"

중국의 옛 사대부들은 수염이 없는 환관들을 보고 이렇게 고개를 돌렸다. 아예 사람으로 쳐주지 않았다. 수염이 없다 해서 그랬다. 옛날 중국인들은 수염을 크게 쳐주었다. 그들만 그랬던 것이 아니라 우리 조상들 역시 마찬가지였다. 옛 어른들의 인물상을 보면 그 얼굴에는 반드시 수염이 엄숙하게 그려져 한결 품위도 있고 또 점잖아 보인다.

《삼국지》의 주인공들 가운데 하나인 관우를 중국인들은 '미염공(美髥公)'이라 치켜세운다. 관제상(關帝像)을 보면 그의 수염이 대단하다. 말갈기 같은 수염이 무릎까지 쭉 내려와 있다. 허풍

떨기를 좋아하는 중국인들이긴 하나 너무했다는 생각이 든다.

이슬람교도들도 한때 중국인들만큼이나 수염 기르기를 좋아했다. 하지만 수염을 좋아해서 그렇다기보다는 '사나이로서의 위엄'을 드높여 보이기 위해서 그렇다는 게 맞을 것이다.

오늘날도 우리들이 보는 바 그대로다. 이슬람 세계에서는 사내 모두가 수염을 기른다. 수염이 세대의 유행일 수는 있지만 우리의 눈에는 그것이 위엄은커녕 야만인의 상징처럼 비치기도 한다.

근대 일본에서는 콧수염이 유행이었다. 메이지유신, 일본의 근대화 모델은 제정 독일이었고 그 첫 모방이 바로 콧수염이었다. 그 무렵 독일 남자들 거의가 콧수염을 길렀다. 황제도 마찬가지였다. 일본 사람들은 '옳거니, 저것도 본받아야 유신이 끝나겠군'이라고 생각했는지도 모른다. 일본 사람들은 그 콧수염에 이름을 붙였다. 독일어로 황제를 '카이저'라고 하는데 이름을 지을 바에야 크게 한번 놀아보자며 그 콧수염을 '카이젤 수염'이라 불렀다.

옛날 그리스, 로마 사람들은 콧수염이 아니라 턱수염 기르기를 좋아했다. 오늘날 남아 있는 그들의 석상을 보면 턱수염을 곱게 기르고 있다.

콧수염이든 턱수염이든 수염과 관련해서 궂은일이 역사상 숱하게 많았다. 알렉산드로스 대왕은 불세출의 세계 정복자다. 세계 정복 첫머리에 알렉산드로스의 마케도니아 군대와 페르시아 군대가 한판 붙었다. 알렉산드로스의 군대는 백전백승의 상승군대였지만 이상하게도 페르시아 군대와 붙으면 판판이 깨졌다. 알렉산드로스는 그 원인을 찾아보았는데 패인은 바로 자신의 병사들한테 있었다. 페르시아 군대는 번거롭게 칼이나 창을 휘두를 필요 없이 마케도니아 병사들의 길게 늘어뜨린 수염을 붙잡고 손쉽게 공격하면 되었다. 알렉산드로스는 곧 병사들에게 전투 중 수염을 기르지 말라는 명령을 내렸다.

프랑스 루이 7세의 왕비였던 엘레오노르는 루이 7세가 수염이 거추장스럽다며 싹 깎아버리자 '성적 매력이 없어졌다'며 바로 영국으로 도망을 가서 영국 헨리 7세와 보란 듯 재혼했다. 수염 잃고 부인 잃고 분한 루이 7세는 영국에다 왕비를 돌려달라고 요청했다. 영국의 대답은 '내 손 안에 날아든 참새를 돌려줄 수 없소'였다. 루이 7세는 '그렇다면 힘으로 되돌려 받을 수밖에 없다'며 영국에 선전포고를 했다. 이렇게 시작된 그 유명한 수염전쟁(1152~1453년)은 백년전쟁까지 포함해 300년 이상 계속되었다. 오늘날까지 영국과 프랑스, 두 나라가 사사건건 맞서는 까닭도 이 수염 때문에 얽힌 응어리가 아직도 제대로 풀리지 않아 그런 게 아닐까?

연애편지

남녀 사이에 주고받는 사랑의 편지를 연애편지라 부른다. 짧게는 연서(戀書)라고도 한다. 연애편지라는 말은 일본에서 들어왔고 우리말로는 정서(情書)다. 중국에서는 남녀 사이에 주고받는 편지를 두고 동심결(同心結)이라 부르는데 남녀의 두 마음을 한데 묶는다는 뜻으로 꽤나 풍월스럽고 멋스럽다.

우리의 경우 사랑에 빠진 두 남녀를 애인이라고 하지만 중국에서는 큰일 날 소리다. 부부 사이에 남편이 아내를, 아내가 남편을 그렇게 부르기 때문이다. 그들은 우리 뜻의 애인을 정인(情人)이라 부르고 있다.

다시 연애편지 얘기로 돌아가서 연애편지가 한때 우리 젊은

이들의 학문의 넓이와 깊이를 아주 넓고도 깊게 만든 적이 있었다. 무슨 말인지 통 짐작이 가지 않겠지만 30년 전쯤에는 그랬다. 그 무렵 얼굴에 여드름이 더덕더덕 난 고등학교 남학생치고 연애편지를 써보지 않은 사람은 거의 없었다. 고등학교 남학생들의 통과의례라 할 만큼 거의 모두가 그랬다. 요즘 젊은이들에게는 참으로 낯설 것이고 '촌스럽게 무슨 연애편지?'라면서 고개를 갸웃할 것이다.

요즘은 첨단 전자시대다 보니 너 나 할 것 없이 휴대전화와 컴퓨터가 있어 모든 것이 빨라졌다. 여드름투성이 남학생이 학교를 오다가다 만나는 여학생이나 옆집 여학생이 마음에 쏙 들면 바로 휴대전화를 걸거나 컴퓨터 채팅을 하면서 사랑을 고백할 수 있다. 참으로 간단하고 편리해졌지만 머리를 굴려 글을 쓸 기회와 필요가 없어졌다. 그 덕에 지식이 얕을뿐더러 글씨도 괴발개발 엉망진창이다. 프러포즈의 대답도 즉각적이어서 옛날처럼 며칠, 몇 달을 가슴 졸이며 기다릴 필요가 없다. 그러니 느긋함이라고는 없고 불을 본 메뚜기처럼 조급하다.

자, 그렇다면 옛날 남학생들은 어떻게 했을까? 연애편지 한 장을 쓴다는 건 보통 일이 아니었다. 참으로 장엄하고도 힘든 일이었다. 인내심도 대단해야 했다. 신약 마가복음에 나오는 말씀 그대로 '마음을 다하고 목숨을 다하고 뜻을 다하고 힘을 다하여' 지극정성으로 편지를 써 내려갔다. 물론 그것도 만리장성 길이었다. 그래야 더 정성스럽게 보이기 때문이다.

종이가 흔하지 않던 그 시절 그 귀한 노트 장에다 밤을 꼬박 지새우면서 편지를 썼다. 물론 사전이나 참고서들까지 곁에 두고 뒤적이면서 있는 재주, 없는 재주 모두를 편지 속에 쏟아 넣었다. 편지 내용이 유식해야 약발이 잘 받을 것으로 여겼기 때문이다. 글씨도 반듯하게 쓰려고 애썼음은 물론이다. 그렇게 써놓았지만 영 마음에 들지 않으면 찢어버리고 다시 썼고 온 방은 구겨지고 찢어진 편지 조각 천지였다. 그렇게 몇 달 동안 피나는 노력을 하다 보면 자신도 모르는 사이 실력이 엄청나게 늘어났고 글씨는 명필이 되었다.

그 무렵 어느 시험에서건 여학생들은 아는 것 많고 글 잘 쓰는 남학생들의 상대가 되지를 않았다. 요즘은 어떤가? 요즘 남학생들한테는 옛날의 그런 눈물겹던 자습이 없다. 실력이 떨어져 여학생들에게 판판 지고 있다. 신문지상에 발표되고 있는 고시 결과를 한번 확인해보라.

초미니스커트와 핫팬츠

1550년경 스위스 제네바에서 참으로 묘한 일이 있었다. 엉뚱하게도 '칼뱅'이라는 개 이름이 대유행했던 것이다. 그 이름이 얼마나 유행했는지 공원이나 거리에서 '칼뱅!' 하고 고함을 지르면 온 도시 개들이 자기 이름을 부르는 줄 알고 모여들었다. 어쩌다가 그런 괴상한 일이 벌어졌을까?

역사시간에 종교개혁을 배울 때 마르틴 루터와 칼뱅이라는 이름을 들었을 것이다. 그 종교개혁가 칼뱅이 자유분방하던 제네바에 느닷없이 부임하고는 호랑이를 잡기 시작했다. 너무나 엄격한 도덕적 잣대를 갖다 대며 말이다. 시민들은 도저히 견딜 수가 없었다. 유럽이 기독교 물에 잔뜩 배어 있던 당시 였으니 그런 칼뱅한테 시민들은 찍 소리 한 번 못하고 곱게 당했다. 칼뱅은 교회헌장이란 듣도 보도 못한 규율을 만들어서 시민들을 달달 볶았는데 특히 젊은 여성들이 죽을 지경이었다.

규율은 젊은 여성들에게 더욱 엄격했다. 교회에 예배를 보러 오는 여자들의 치마 길이를 재고는 다리의 생살이 허옇게 드러난 곳에 회초리를 갖고 난장질을 했다. 제네바는 호수로 유명한 곳으로 겨울이면 온 시민이 호수로 나와 스케이트를 탔다. 스케이트는 제네바 시민들의 인기 스포츠였다. 칼뱅은 스케이트를 타는 젊은 여성들을 노렸다. 정숙해야 할 처녀들이 다리를 있는 대로 쩍쩍 벌리거나 내뻗으면서 스케이트를 타면 되겠냐고 말이다. 물론 잡아다가 종아리에 곤장질을 했음은 물론이다.

칼뱅은 마침내 제네바의 젊은 여성들에게 공포와 원성의 대상이 되었다. 처녀들도 가만히 당하고 있지만은 않았고 복수에 나섰다. 그 방법은 바로 칼뱅에게 모욕을 주는 것! 그들은 키우던 개의 이름을 모두 '칼뱅'으로 바꾸었던 것이다. '칼뱅은 개새끼'라는 뜻으로 말이다.

그런 칼뱅이 살아서 오늘날 우리나라에 관광을 온다면 어떨까? 거리의 젊은 여성들을 보고는 아마 기절초풍해 그 자리에서 죽고 싶을 것이다. 초미니스커트와 핫팬츠의 물결 때문이다! 젊은 여성들이 허연 다리를 다 드러내놓고 보무도 당당하게 거리를 휩쓸고 다니고 있기 때문이다.

경기가 나빠지면 여성들의 치마가 짧아진다는 말이 있기는 하지만 찬바람 부는 한겨울에도 그렇게 입는 이유가 뭘까? '내 허연 다리를 보고 침을 질질 흘리는 남성들을 낚아보자'는 의도는 아닐 것이다. 침을 흘리기는커녕 '날씨도 추운데 꼴에 유행 따른답시고'라며 비아냥거리는 남성이 더 많을 테니까 말이다. 그렇다면 패션 때문에? 남들보다 튀어 보이려고? 경제용어 중 희소가치라는 게 있다. 모든 여성이 초미니스커트와 핫팬츠를 입는다면 긴 치마, 긴 바지를 입는 게 더 패셔너블하고 튀어 보일 것이다.

그렇다면 섹시해 보이려고? 여성들이 긴 치마만 입고 다니던 옛날 어쩌다 치마가 바람에 나부껴 여성의 허연 종아리를 본 남성은 적어도 3일 동안 아랫도리가 후들거리고 후끈거려 견딜 수가 없었다. 바로 이것이 섹스어필 만점이라는 거다. 김용숙 교수의 《한국 여속사》를 보면 더벅머리 총각이 이웃 처

녀의 종아리를 좁쌀만큼만 보아도 한이 없겠다고 하는 이야기
가 나온다.

한편 인도의 신비주의자인 오쇼 라즈니쉬는 나체주의자의
정신을 치료할 때 환자가 옷을 홀랑 벗더라도 절대 관심이나
호기심을 보이지 말라고 주위 사람들에게 당부했다. 환자는 자
기가 옷을 벗었는데도 모두가 본체만체하자 당혹스러웠다. 이
렇듯 여성 모두가 드러내놓고 다니면 남성은 있던 관심도 사라
지고 만다. 그럼 섹시해 보이려는 대상은 사라지는 것이다. 그
렇다면 자기만족 때문일까? 아니면 단순히 유행에 처지지 않
으려고?

꼭 봐야 쓰것소

매춘과 세금은 역사적으로 참 오래도 되었다. 사람들이 머리를 맞대고 사회라는 것을 이루고 살기 시작한 그때 이미 이 둘은 일란성 쌍둥이처럼 함께 생겨났다. 어느 것이 먼저랄 것도 없다. 매춘 이야기는 아무래도 점잖지 못하니 여기서는 세금 이야기만 하도록 하자.

서쪽 바빌로니아에는 '함무라비 법전'보다도 300년이나 앞선 '리피트 이슈타르'라는 법전이 있었다. 단군 할아버지가 백두산 꼭대기에 우리의 첫 나라인 고조선을 세우던 무렵이니 4,000년도 넘었다. 이 법전은 흙으로 구운 점토판에 쓰여 있어 모진 풍상을 오래도록 겪고도 오늘날까지 멀쩡하게 남아 있다.

거기에도 세금 조항이 나와 있다. 동쪽의 중국 하나라에서도 세금을 착실하게 거두어들였다는 갑골문자 기록이 있다.

세금은 참으로 확실하고도 끈질기고 또 치사하다. 점잖던 돈키호테는 이 세상에서 죽음만큼이나 확실한 것이 있다면 바로 세금이라고 했다. 묘까지 따라가는 것이 세금이라는 영국 속담이 있듯이 끈질기다.

리피트 법전은 아득한 그 시절 세금 떼일 것을 걱정해 조세 체납조항까지 두어 빠져나갈 구멍을 완전히 없앴다. 치사하게도 처녀, 총각이 장가가고 시집가는 데까지 손을 내밀어 혼인세를 받았다! 국민들은 도저히 참을 수가 없었다. 조세정체에 대한 거센 항의와 반정부 데모가 일었다. 결국 그 정권은 무너지고 유명한 함무라비 대왕이 권력을 잡았는데 그는 개혁법을 마련해 당장 혼인세부터 없앴다.

세금의 야만성은 아무리 세월이 흘러도 변함이 없다. 아니 세월이 흐를수록 더하다. 계몽시대의 러시아 계몽군주였던 표트르 대제는 역사상 처음으로 수염세라는 세목을 만들었다. 그것도 세수 증대를 위해 콧수염세와 턱수염세를 나누어 받아냈다. 그렇다면 우리나라는? 이 문제에 있어서만은 역시 선진국이었다. 표트르의 수염세보다 더 야만스러운 백골세를 받았기 때문이다. 웃어야 할지 울어야 할지 모르겠다.

조선 말 황현(黃玹)의 《매천야록(梅泉野錄)》에 나오는 글을 그대로 옮겨보겠다. 조선 말 충청도 어느 물가에 강씨 성을 가진 과부가 홀로 살고 있었다. 살림도 넉넉한 데다 빼어난 미인이었다. 건달들의 유혹 대상 0순위였지만 그 유혹을 싹 거절한 과부는 말벗 삼아 기르는 개 한 마리를 무척 아꼈는데 그 놈에게 복이 있으라고 이름을 '복구'라고 지어주었다. 밥을 줄 때나 그 놈을 부를 일이 있으면 '복구야!'라고 큰 소리로 불렀다. 어느 벼슬아치는 그 집 앞을 지날 때마다 남자라고는 없는 집에서 남자 이름을 부르는 소리가 들리자 의심이 부쩍 났다.

'복구란 놈이 잘도 숨어 지냈구먼. 어림 반 푼도 없지.'

그 벼슬아치는 어느 날 과부 집에 들이닥쳐 복구란 놈의 인두세를 그동안 밀린 것까지 몽땅 내놓으라고 과부를 닦달했다. 기가 찬 과부가 "나리는 우리 복구를 꼭 봐야 쓰것소?"라며 큰 소리로 복구를 부르자 복구란 놈이 꼬리를 살래살래 흔들며 집 안에서 나오는 것이 아닌가. 개한테도 세금을 매겼을까? 그랬다면 '개세'가 되는 건가?

말이 웃다

기원전 4세기 무렵 페르시아 제국에서는 캄비세스 왕이 죽은 뒤 새 왕을 선출해야 했다. 대신들이 머리를 맞대고 생각해 낸 방법이 참으로 놀라웠다. 그때 왕 후보가 모두 여섯 명이었는데 그 여섯 명이 해가 뜨기 전에 말을 타고 성 밖으로 나간 뒤 해가 뜰 무렵 말들 가운데 먼저 우는 말의 주인을 왕으로 정한다는 것이었다. 먼저 울어 달란다고 말이 울어줄 것도 아니니 '천명'을 기다릴 수밖에 없었다.

후보 가운데 다레이오스는 왕이 되기는 다 틀렸다면서 한숨을 푹푹 내쉬고 있었다. 그의 말먹이 오이바레스가 그 까닭을 몰라 궁금했다. 주인을 오랫동안 모셔왔지만 저렇게 근심 걱정

하는 것을 본 적이 없었던 것이다. 왕 선출을 닷새를 앞둔 어느 날 오이바레스는 마침내 그 까닭을 물었다. 다레이오스는 설명을 해주면서 하늘이 내려앉도록 깊은 한숨을 쉬었다.

"주인님, 제가 주인님을 왕이 되게 해보겠습니다. 이제 걱정을 놓으십시오."

"허, 오이바레스, 뭐라고?"

"왕, 말입니다."

"네가 무슨 재주로?"

"재주랄 것도 없습니다. 간단합니다."

다레이오스는 속이 시원했지만 큰소리쳤던 오이바레스란 놈은 선출 날이 가까워 오는데도 아무 준비도 안 하는 눈치였다.

"오이바레스, 선출 날이 다가오고 있다. 어떻게 준비하고 있느냐?"

"주인님. 왕이 되시는데 준비는 무슨 준빕니까? 아직 이틀이나 남았으니 재발 서둘지 마십시오."

시간이 갈수록 환장할 것 같던 다레이오스는 오이바레스를 닦달했지만 오이바레스의 큰소리를 믿지를 않을 수 없었다.

오이바레스가 관찰한 바에 따르면 어느 암말을 사랑한 주인의 말은 그 암말의 냄새를 맡으면 좋아서 웃었다. 왕 선출 전날 밤 그는 그 암말을 찾아가 그놈의 몸을 쓰다듬고는 그 손을 주머니 속 깊이 쑥 넣었다. 이튿날 해가 돋을 무렵 그가 암말을 쓰다듬은 손을 주인 말의 코에 갖다 대자 그 놈은 '힝' 하고 웃었다. 헤로도토스의 《역사》에 나오는 이야기다.

대권은 하늘이 갖다 주는 것! 사람의 힘으로는 어쩔 수가 없는 것이다. 《송사(宋史)》에 나오는, 태조 조광윤이 황제가 된 이야기도 역시 재미있다. 조광윤은 도량이 넓어 따르는 부하가 많았고 술도 좋아했다. 언제나 취해 있었다. 960년 봄 그는 군사들을 휘몰아 북쪽으로 원정을 가다가 어느 곳에서 하룻밤을 자게 되었다. 평소 부하들은 사람 좋은 조광윤이 황제가 되기를 바랐지만 그때마다 싹 거절당했다.

조광윤은 그날 정신 없이 술을 마시고는 막사에서 깊이 잠이 들었다. 가까운 부하들이 그 기회를 놓치지 않고 잠에 곯아떨어져 있는 조광윤의 몸에 황제만 입을 수 있는 황포를 입혀놓았다. 아침에 눈을 뜬 그는 그런 자신의 모습을 보고는 혼비백산, 너무나 놀랐다. 그것만으로도 황제에 대한 반란이었다. 조광윤은 이제는 이래도 저래도 모반 혐의를 벗어날 수가 없었고 목숨을 부지하려면 황제가 될 수밖에 없었다. 이판사판이었다. 중국인들은 이런 조광윤을 두고 '작취미성(昨醉未醒)에 황포를 입었다'고 했다. 대권은 저절로 굴러 온다. 천운(天運)이란 있는 것!

바보가 좋아

중국인들은 여느 바보를 호도아(糊塗兒), 멍텅구리급은 호도충(糊塗蟲)이라 부른다. 호도난득(糊塗難得)은 바보 되기가 참으로 어렵다는 말인데 '공인호도(公認糊塗)', 즉 만천하가 다 알아주는 바보쯤 되면 팔자가 확 편다. 진사급제하기보다 더 어렵다지 않는가. 바보는 세상 살아가기가 참 편하고 시비 거는 사람도 없다.

바보 곁에는 사람들이 몰려든다. 루쉰의 소설 《아Q정전》을 보면 주인공 '아(阿)Q'라는 바보 곁에 동네방네 사람들이 다 모여들었다. 어째서? 그가 사람들을 즐겁게 해주기 때문이다. 바보 그 자신은 어디를 가나 날마다 즐겁다. 이 세상이 바로 극락이다. 이 얼마나 행복한가!

우리 군대에는 '고문관'이란 직책(?)이 있다. 그런데 고문관 되기가 어렵다. 아무나 안 된다. 턱도 없다. 자격요건이 바로 바보다. 일단 고문관이 되기만 하면 군대생활은 참으로 편하다. 고문관 곁에는 언제나 병사들이 몰려들어 웃음소리가 그치지 않는다. 부대 전체가 화기애애하다. 사기진작이 따로 없다. 국방장관도 어림없다. 오로지 신만이 내릴 수 있는 자리다.

모난 돌이 정을 맞는다고 영악스럽고 잘난 사람에게는 언제나 적이 있다. 한평생 불안하고 세상은 부처님이 말씀대로 고해다. 얼마나 불행한가! 중국의 마오쩌둥 주석에게는 리저수이라는 주치의가 있었다. 지성인이 언제나 그렇듯 그도 쌀쌀 맞았던지라 사람들이 그의 곁에 모여들지 않았고 자연스레 왕따가 되었다. 살맛이 없었다. 어느 날 마우쩌둥에게 고견을 들으려 했는데 돌아온 것은 타박뿐이었다.

"이 책상물림아, 물고기도 흐린 물속에 몰려들고 사람도 어수룩한 데 몰려드는 법이야. 그걸 여태 몰랐더냐?"

우리한테도 자랑스러운 바보 한 사람이 있었다. 황현의 《매천야록》에 나오는 인물이다. 고종 13년(1876년) 안팎 풍운으로 나라가 뒤숭숭할 때 일본의 구로다 기요타카가 함대를 이끌고 인천 앞바다에 쳐들어왔다. 국정 최고 책임자인 대원군은 '이 일을 어쩌누'라며 천장이 내려앉도록 한숨만 내쉬고 있었다. 그때 이문영이라는 젊은 선비가 대원군을 찾아왔다. 말이 좋아 선비였지 장안이 다 알아주는 바보였다.

이문영한테는 높고 낮은 사람이 없었고 양반들의 사랑방이란 사랑방은 다 휘젓고 다녔다. 사람됨이 좋아 가는 곳마다 대환영이었다. 대원군 역시 거리낌 없이 그를 반겼다. 그는 대원군의 얼굴에 수심이 가득해 보여 위로를 하고 싶었다.

"대감께서는 이 춘삼월 호시절에 어인 일로 수심이 가득하십니까?"

"아, 마침 잘 왔네. 자네를 기다리고 있던 참일세. 지금 인천 앞바다에 왜놈들이 가득하네. 자네는 이충무공의 후손이 아닌가. 손 한 번 써주게나"

"허, 대감께서 그런 일로 어찌 수심까지."

"자네한테 좋은 계책이라도 있단 말인가?"

"계책은 무슨 계책? 저 구로다 기요타카란 놈도 가토 기요마사의 8대 손이랍니다. 충무공의 8대 손인 이 이문영이가 이렇게 못난 바보인데 그놈인들 어련하겠습니까."

　　세상에 똑똑한 사람만이 아니라 바보도 있어야 살맛이 난
다. 특히 요즘 세상에.

여자들 요강을…

중국은 최근 '대국굴기(大國屈起)'란 것을 통해 국제사회에서 말발을 세웠지만 200년 전쯤에는 어림도 없는 일이었다. '중국은 용연향 때문에 마카오를 포르투갈에 잃었고 아편 때문에 홍콩을 영국에 내주었다.' 한때 중국인들이 하던 말이다.

용연향은 고래 창자 속에 들어 있는 물질로 중국 궁중 여인들을 깜박 죽여주던, 쉽게 말해 비아그라다. 이 묘한 신약을 당시 마카오에 있던 포르투갈 선원들이 갖고 있었는데 그 값으로 포르투갈에 마카오를 아예 넘겨주었다. 아편은 모두들 알고 있는 그대로다. 영국과 중국이 아편 문제를 두고 바다에서 여러 판 붙어보았다. 그때마다 영국 군함의 '귀신같이' 정확한 함포

사격에 중국은 판판 깨지기만 했다.

당시 청나라의 도광제는 보기 드문 명군이었지만 섞을 대로 섞어 기울어지고 있는 나라를 어떻게 손 볼 수가 없었다. 화가 나서 머리칼만 곤두섰다. '음, 이 일을 어쩐다?'라고 골치만 썩었지 뾰족한 수가 떠오르지 않았다.

'아, 이제는 마지막이다. 그를 부르지 않을 수가 없구나.'

그는 바로 전략전술에 뛰어난 참찬대신 양방 장군이었다. 그러던 어느 날 양방 장군이 제 발로 어슬렁어슬렁 도광제를 찾아왔다. 도광제는 마지막으로 남은 에이스 카드인 그가 제 발로 찾아왔으니 반가웠다. 더욱 기쁜 건 양방 장군의 자신 넘치는 말이었다.

"전하, 이제는 모든 걱정을 신에게 넘기시고 베개를 높이 하소서!"

근래 들어 이렇게 기쁜 말을 듣기는 처음이었던 도광제는 '이 넓디넓은 나라에서 믿을 사람은 양방 장군 딱 한 사람뿐이 군'이라며 감격했지만 이 늙은 장군은 머리가 좀 어떻게 됐는 지 주술에 푹 빠져 있었다. 장군은 주술을 갖고 영국군을 단번 에 무찌르려고 들었다. 영국군의 포격이 정확한 것은 주술사 때문이라고 여겼던 것이다.

"음, 그렇다면 이열치열!"

청나라 제일의 장군은 전투 현장인 광동에 내려오자마자 작전회의부터 열었다. 지극히 당연한 일이었다. 그러나 그 중요한 회의의 참석자들은 현지 군 지휘관들이 아니라 놀랍게도 광동의 점쟁이들이었다.

"오랑캐들의 요술이 가장 싫어하는 것이 여자들의 오줌이다. 따라서 여자들의 요강 아가리를 영국 오랑캐 놈들 쪽으로 돌려놓기만 하면 놈들의 요술은 곧 힘을 못 쓰게 된다."

회의 결과 영국군을 물리칠 작전계획은 아주 간단하게 결정되었다. 양방 장군의 생각과도 맞아 떨어지는 작전이었다. 옛날 주나라 궁정에서도 악귀가 나타나면 여자들을 모조리 벌거벗겨 악귀를 향해 오줌을 누게 했는데 그러면 악귀들이 놀라 달아났다고 하지 않던가. 옳거니 맞다!

《중국의 역사》를 쓸 때 역사소설가 진순신은 이 대목에 이르러 너무나 개탄한 나머지 '이랬으니 무슨 할 말이 더 있겠느냐'며 붓을 던져버렸다고 한다. 1841년 5월 24일 현대전을 치를 청나라 제일의 명장이 전장에 내려와서 내렸던 추상같은 작전명령 제1호의 내용은 인류 전쟁사상 일찍 없었고 앞으로도 절대로 없을 것이다.

"광주성 안의 여자들 요강을 모조리 모아서 아가리를 영국군 쪽으로 돌려놓을 것!"

역사 속 폭탄주

오늘날 우리나라 구석구석에서는 입을 벌리고 폭탄주 잔을 돌리고 있다. 남녀노소, 높고 낮음이 없다. 뜻있는 사람은 나라가 어쩌다가 '폭탄주 공화국'이 되었느냐고 혀를 차고 있다. 그 때문에 자랑스러운 동방예의지국 백성들이 몽땅 상놈이 되었다는 거다. 애석하다.

우리나라에 폭탄주 술잔이 얼굴을 처음 내민 것은 1960년대 말. 그 폭탄주가 군인들 사이에서 처음 돌려지기 시작했다. 군인정신과도 딱 맞았다. 그 때문에 폭탄주가 한때 곤욕을 치렀다. 폭탄주가 쿠데타 세력인 군부의 발명품이라는 것! 민주화 세력의 주장이었다. 하지만 무식하게도 군부를 비난하려는

데만 바빴지 폭탄주의 역사를 까맣게 모르는 주장이었다. 그 역사를 한번 더듬어보자.

"자, 우리도 스키타이식으로 한번 화끈하게 마셔보자. 남자답게 말이야"

"암, 그렇고말고"

억센 스파르타 사나이들의 다짐이요, 맞장구였다. 까닭이 있었다. 오늘날 흑해 연안에 살았던 스키타이 남자들은 억세기로는 스파르타 사내들과 다름이 없었다. 그들이 저 아래 스파르타 사내들이 술 마시는 꼴을 보고는 '계집 같은 놈들'이라고 놀렸다. 하기야 스파르타 사내들은 술을 마실 때 포도주 잔을 들고는 고자 오줌 발처럼 찔끔찔끔 거리기만 했다. 사내답지 못하기는 했다. 스키타이 사내들은 그렇지 않았다. 포도주에 독주를 타서 단숨에 마셨다. 물론 술잔도 컸다. 아득한 기원전 5세기 무렵 그랬다. '역사의 아버지'라고 하는 헤로도토스의 《역사》 속에 나오는 이야기다.

'뛰는 놈 위에 언제나 나는 놈'이 있기 마련, 폭탄주의 원조는 따로 있었다. 중국은 역사가 오래됐으니 술의 역사도 그렇기 마련인데 폭탄주 이야기만 쏙 빠져 있다. 있다면 돼지백정인

번쾌가 마시던 두치주쯤이 아닌가 싶다. 기원전 206년 11월 항우와 유방의 홍문지회(紅門之會)에서 번쾌가 무슨 일로 화가 나서 두치주를 단숨에 마셨다는 것이다. 독주였는데 그게 폭탄주 종류가 아닌가 싶다.

가드너 윌킨스의 《고대 이집트인의 관습과 생활》에 나오는 이야기를 보면 입이 딱 벌어진다. 4,000년 전 이집트인들은 폭탄주를 제조해 즐겨 마셨다. 폭탄주 원조다. 그 원료가 스키타이 것과는 조금 달랐다. 지투스란 맥주에 포도주 원액을 타서 마셨다. 폭발력도 문제였지만 마시기가 죽기 아니면 살기였다. 그 술판은 정말 끝내주었다. 어느 유력가 집에서 벌어진 폭탄주 술판을 한 번 보자.

술판이 벌어질 무렵 나무로 만든 인형을 관 속에 담아 그것을 손님들에게 돌려 보인다. 술 맛 돋우기다. 그리고 주인의 무거운 개회사가 시작된다.

"이 시체를 보시면서 오늘밤 마음껏 술을 즐겨주십시오. 당신들도 죽으면 반드시 이 모습이 될 것이니."

그 다음 '아니 마시고 무엇 하랴'는 손님들의 즐거운 화답이 따른다. 손님들은 폭탄주를 들 힘이 없어질 때까지 퍼 마신다. 술판의 끝은 손님들이 모두 나가떨어지거나 죽는 것! 그들이 데려온 오고 하인들은 초죽음이 된 주인들을 들쳐 메고 집으로 간다.

오늘날 이집트 고대 도시 룩소르에 남아 있는 왕궁벽화에서도 그런 모습을 볼 수 있다. 늦게 배운 도둑질 밤 새는 줄 모른다고 우리도 뒤늦게 배운 폭탄주 때문에 패가망신하는 일이 잦아 폭탄주의 역사를 한번 더듬어보았다. 알고나 마시자!

담배는 장수초

　세계에서 담배를 가장 많이 피우는 골초 국가로는 아무래도 독일과 중국을 꼽아야 할 것이다. 뻥을 조금 치면 이들 나라의 거리들이나 공원들은 남녀노소 가리지 않고 피워대는 줄담배 연기 때문에 초기 산업화시대 공장 굴뚝에서 연기를 뿜어내던 맨체스터와 다름이 없다 해도 좋다.

　독일 하원의원들 중 82%가 골초인데 최근 독일 대중지《빌트》를 보면 그들이 참으로 난감한 입장에 놓이게 되었다. 꿈에도 생각하기 싫은 '흡연제한법'을 마련해야 했기 때문이다. 신문이 전하는 그들의 비통함과 비장함을 보면 재미있다.

　"이놈의 국회의원을 당장 집어치워야지!"

의원들이 분통을 터트리면서 피우는 줄담배 연기 때문에 하원의사당 휴게실은 너구리를 잡으려는 너구리굴처럼 연기가 자욱했다. 자기들 손으로 직접 흡연제한법을 울며 겨자 먹기로 만들어야 했으니 오죽했겠는가. 그들은 각종 사회단체나 외국으로부터 흡연제한법을 만들라는 압력을 줄기차게 받아왔지만 그때마다 '시기상조'라며 미적미적 미루었다. 때가 아직 이르다는 것이었다.

어느 나라나 정치인들이 가장 무서워하는 것은 '표'다. 그밖에 무엇이 무서우랴. 그런데 법제정을 미루다 보니 어느 사이 표 떨어지는 소리가 가을바람에 낙엽 지는 소리처럼 들려왔다. 그들은 혼비백산해 입에 물고 있던 담배를 뚝 떨어뜨렸다.

"하, 그놈의 건강 타령 때문에 우리가 죽겠구먼."

그들은 결국 대세에 밀리고 말았다. 그러나 악담 한마디는 잊지 않았다.

"그래, 그렇다면 바라던 대로 해주마. 오래오래 벽에 똥칠할 때까지 살아보라지."

중국 애연가들은 올림픽 때문에 된서리를 맞았다. 중국 흡연자들은 자그마치 3억 5,000만 명으로 세계 흡연인구의 3분의

1이다. 중국은 그야말로 흡연대국으로 그동안 흡연자들의 천국이었다. 그런데 천국이 지옥으로 바뀌게 되었다.

중국 당국은 인해전술식 단속에 나섰다. 역시 중국답게 흡연단속 경찰 10만 명을 풀어 공공시설에서 담배를 피우는 사람을 모조리 잡아들이거나 벌금을 물리기로 하자 '우리 중국 살람들 못살게 되었다 해' 하면서 곳곳에서 불평이 쏟아져 나왔다.

흡연자들한테도 인권이란 것이 있는데 최근 세계적으로 그 인권이 짓밟히게 되었다. '흡연이 만병의 원인'이라는 과학과 의학의 연구 결과 때문이다. 몇 년 사이에 담배는 끈 떨어진 갓이요, 장독 속 약탕기 신세가 되고 말았다. 흡연자들은 무슨 범법자나 된 듯 주눅이 들어 있다.

흡연이 정말 그렇게 나쁜 것일까? 과학자들은 신체건강만 보았을 뿐 정신건강을 보지는 못했다. 동양에서는 담배를 두고 이렇게 말했다. 신령스럽다 해서 신령초, 오래 살게 한다 해서 장수초, 근심걱정 풀어준다 해서 해우초 그리고 길고 긴 가을 깊은 밤 과부들의 한을 풀어준다 해서 해한초 등등. 건강과 관련해서도 인삼, 녹용에 버금가는 것으로 쳐주었다.

중국 무한의, 아흔 줄에 접어든 우종비 박사는 장수비 결을

묻자 담배 때문이라고 했다. 담배를 피우더라도 자연과 조화를
이루면 장수할 수 있다고. 역시 담배는 장수초.

대머리는 괴롭다

중국 루쉰의 소설 《아Q정전》의 주인공 아Q를 잘 알 것이다. 그는 좀 모자라지만 착하기가 이를 데 없었다. 그는 자신을 부족함이란 조금도 없는 사람으로 여겼다. 모든 것이 자랑스러웠다. 좀 꺼림칙한 것이 있다면 대머리에 난 흉터. 영 자랑스럽지가 못했다. 누군가가 대머리라는 뜻의 퇴(頹)라든가 그 비슷한 발음을 하는 걸 들으면 그는 불 본 멧돼지처럼 달려들었다. 더욱 범위를 넓혀 '빛난다' '밝다'는 말은 물론이고 램프라든가 촛불이라는 말까지 싫어했다.

힘없는 아Q는 그쯤이라 다행이지만 제왕쯤 되면 대머리 문제가 여간 심각하지 않다. 명나라 태조 주원장을 보라. 그는 젊을 때 먹고살 길이 없어 머리를 깎고 중질을 했는데 제왕이 된 뒤 한때의 그 '중대가리' 콤플렉스에서 벗어날 수 없었다. 신하가 올리는 상주문(上奏文) 속에 빛 광(光)자가 들어 있으면 자신을 빗대는 말이라며 불문곡직(不問曲直), 그 신하의 목을 잘랐다. 그렇게 목이 달아났던 신하들이 수없이 많았다. 예나 지금이나 대머리를 좋아하는 사람은 없는 것 같다.

그렇다면 옛날에는 대머리를 어떻게 감추려 했을까? 오늘날처럼 가발을 썼다. 고대 이집트에서는 가발이 크게 유행했는데 멀쩡한 사람도 가발을 썼다. 클레오파트라도 자살을 할 때 가발을 쓴 채였다지 않는가. 헤겔의 변증법에 정(正)과 반(反)이란 게 있는데 가발 유행에 대한 반동(反動)으로 '그렇다면 남은 머리카락을 마저 싹 밀어버리자'는 유행도 있었다. 기원전 4세기경 알렉산드로스 대왕 지배 아래의 그리스에서는 너도나도 머리카락을 싹 밀었다. 오늘날 '스킨헤드'의 원조다.

오토 지어러의 《세계사 여명》에는 역사상 가장 위대한 비극시인이자 극작가인 아이스킬로스가 가장 희극적으로 죽음을 맞이한 이야기가 등장하는데 이도 대머리와 관련이 있다. 아이스킬로스가 기원전 472년 지중해 게라의 바닷가에 조용히 앉아서 비극적인 시상을 떠올리고 있었다. 그때 나이가 70세. 머리카락이 다 빠진 그의 머리는 지중해의 작열하는 햇빛을 받아 반짝였다. 마침 독수리 한 마리가 큰 바다거북 한 마리를 입에 물고 날아가고 있었다. 독수리가 아래를 내려다보자 반짝반짝 빛나는 아이스킬로스의 대머리가 보였다. 독수리는 그 대머리를 매끈매끈한 바위로 착각하고는 바다거북의 두꺼운 갑옷을 깨뜨릴 요량으로 바다거북을 입에서 놓았다. 바다거북은 정확하게 아이스킬로스의 머리로 떨어졌다. 아이스킬로스는 유언 한마디 남기지 못하고 그 자리에서 목숨을 잃었다. 극장에서 관객을 울리던 비극작가가 자신의 인생 종막에서 세상 사람을 크게 한번 웃겼다.

명품 아첨들

아첨은 역사가 참으로 오래되었다. 사람이 모여 사회라는 것을 이루고 나면 반드시 높고 낮음의 계급이 생기기 마련이다. 아득한 바로 그때부터 아첨이 생겨났다. 아첨은 계급사회의 산물로 사회적 지위가 모두 똑같다면 생겨날 필요가 없다.

제행무상(諸行無常), 모든 것은 세월의 흐름에 따라 변화하지만 용하게도 아첨은 퇴보해왔다. 옛것이 차라리 더 세련되었다. 세태가 가벼워져 그런지 요즘 아첨은 아무래도 낯간지럽다. 직선적이다. 옛것들은 완곡, 즉 빙 둘렀고 풍류스러웠다. 명품이라 해도 좋다. 하지만 항상 변하지 않는 것도 있다. 예나 지금이나 아첨을 싫어하는 사람이 없다는 것. 그래서 아첨의 생명은 길다.

자, 옛 아첨들이 얼마나 풍류스러웠는지 헤로도토스의 《역사》에 나오는 이야기를 한번 보자. 페르시아 제국 때 이야기다. 캄비세스 2세가 대신들에게 자신과 돌아가신 아버지 키루스 2세 중 누가 더 위대하냐고 물어보았다.

"폐하께서는 부왕 키루스 2세보다 당연히 더 위대하십니다."

대신들은 경쟁적으로 아첨의 강도를 점점 더 높아나갔다. 캄비세스 2세는 썩 기분이 좋았다. 그때 크로이소스라는 대신이 그 좋던 분위기에 찬물을 쫙 끼얹었었다.

"그렇지 않습니다."

대신들은 놀라 하얗게 질렸고 캄비세스 2세는 화가 나서 얼굴이 붉으락푸르락했다.

"그래, 이놈, 어째서 그렇지 않단 말인가?"

"대왕이시여, 전하께서는 아무래도 아직은 부왕께 미치지 못하고 계십니다."

"어째서?"

"왜냐하면 부왕께서는 전하와 같은 위대한 아드님을 두셨지만 전하께서는 아직 그런 아들을 두지 않으셨기 때문입니다"

캄비세스 2세의 표정이 돌변하더니 공산명월(空山明月)처럼 환해졌다. 얼마나 멋진 아첨인가!

중국 유의경의 《세설신어(世說新語)》에도 명품 아첨이 등장한다. 환현이 진나라를 뒤엎고 황제가 되었다. 어느 날 그가 앉은 어좌가 땅속으로 조금 내려앉았다. 신하들은 놀랐고 난감했다. 그때 시중 은중문이 얼른 나서 말문을 열었다.

"그럴 수밖에 없습니다. 폐하의 성덕이 무거우니 아무리 두터운 땅인들 어찌 견딜 수 있겠습니까?"

우리라고 어찌 명품 아첨이 없었겠는가. 더 뛰어난 명품이 있었다. 성현의 《용제총화》에 나오는 이야기다. 고려 충혜왕 때 장사랑이란 벼슬을 하던 영태가 어느 날 왕을 따라 사냥 길에 나섰다. 그런데 왕이 장난삼아 영태를 길 옆 못 속으로 밀어 넣었다. 영태가 물속에서 오래 있다 나오자 왕이 웃으며 말했다.

"네가 어디서 오느냐?"

"굴원을 만나고 왔습니다"

"뭣이, 그가 뭐라더냐?"

"나는 못난 임금을 만나 물에 빠져 죽었지만 너는 영민한 임금을 만났는데 무슨 일로 여기에 왔느냐며 나를 꾸짖었습니다."

굴원은 초나라가 망할 무렵 못난 임금이 자신의 간언을 듣지 않자 한탄하며 창사의 멱라수에 빠져 죽은 중국 충신의 모범이다. 초나라는 그의 걱정대로 망했다.

공부하기 싫어

관우와 장비는 하는 일이 없자 허구한 날 술만 마셨고 사고까지 쳐 말썽이었다. 의형인 유비의 속을 많이도 썩였다. 유비는 손 위랍시고 어느 날 한마디했다.

"아우들, 이럴 때 술만 마시지 말고 공부나 좀 해두지."

그런 유비도 하늘 천(天), 땅 지(地) 등 몇 자만 알던 생판 무식꾼이었다.

"하, 그놈의 책만 펴면 귀신이 시키는 듯 곧 잠이 온다니까, 잠이!"

장비가 대뜸 고개를 설레설레 저었다. 까막눈 장비가 무슨 책을 펴겠는가. 거짓말이었다. 관우는 좀 나았다.

"형님, 절학무우(絕學無憂)란 말도 여태 듣지 못했소? 배움을 끊으면 근심이 없다고 하데요. 그런데 공부는 무슨 놈의 공부!"

관우는 어디서 주워들었는지 노자의 도덕경 20장을 언급했다. 유비는 '글하고는 아주 인연이 없는 놈들이구나'라며 그만 입을 닫았다.

소동파가 식자우환(識字憂患), 즉 알면 근심이 생긴다고 했으니 관우의 말이 맞는지도 모른다. 그에 앞서 항우는 사나이의 학문은 '제 이름 석 자만 쓸 수 있으면 족하도다'라고 했다. 이렇게 모두들 공부하기 싫어했다.

옛 중국 사람들만 그런 것이 아니었다. 우리에게도 공부하기가 하도 싫어 공부를 해야 할 바에는 '차라리, 죽음을!'이라고 했던 사람도 있었다. 성현의 《용제총화》에 나오는 이야기다.

세종은 왕족들 가운데 글 모르는 까막눈이 뜻밖에도 많은 데 놀랐다. 왕가의 체통이 말이 아니었다. 답답했다. 자신은 학문에 밝았던 임금이 아니던가. 그래서 죽도록 공부하기 싫어하는 그들을 모아 종학(宗學)을 열어 억지로 특별 과외공부를 시켰다. 임금의 명으로 마지못해 종학이란 데 끌려 나온 까막눈 왕족들은 심상치 않은 학생들이었다. 그 가운데 특히 나이 오십 줄에 들어선 순평군이 그랬다. 그에게 종학은 '죽음!'이었다. 싫거나 무서울 정도가 아니었다. 그 나이에 그 하기 싫은 공부를 하자니 죽을 지경이었다.

과외선생인 학관이 첫날《효경(孝經)》의 첫머리인 '개종명의장제일(改宗名義章第一)'이란 일곱 자를 가르쳤다. 순평군은 글이란 것을 더러 보긴 했지만 배우는 건 난생 처음이었다. 갑자기 머리가 아팠다. 그는 수업 도중 벌떡 일어나서 통사정을 했다.

"이 몸은 늙고 둔해 아무래도 일곱 자는 힘에 겨우니 앞의 '개종' 두 글자만 배우겠습니다."

그러고는 하인에게 불호령을 내렸다.

"이놈, 너도 놀지 말고 이 '개종' 두 글자를 꼭 외워두렸다. 내가 이를 잊을 때 곧 대령하라!"

순평군은 나머지 다섯 글자를 마저 배우지도 못한 채 종학 입학 다섯 달 만에 공부로 인한 근심걱정 때문에 병이 들었고 마침내 죽음을 맞았다. 그는 임종할 때 자식들을 전부 머리맡에 불러 모아놓고는 엄숙하게 선언했다

"생사는 인간대사이거늘 난들 어찌 죽음이 두렵지가 않겠

느냐. 그러나 이 죽음 때문에 종학을 아주 떠나 공부를 더 이상

하지 않게 된 것이 차라리 나한테는 백 배 더 기쁘구나.”

까막눈 판서

조선시대 판서는 요즘의 장관급으로 학식이 풍부해야 했지만 글 한 자 모르는 까막눈 판서가 한 사람 있었다. 정조 때의 이문원(李文源)이라는 판서가 바로 그다. 이름 가운데 글월 문(文)자가 들어 있는데도 그랬다.

그때 신하들은 임금이 한 인사였으니 내놓고 불평할 수는 없었고 들끓는 시기심에 배만 아파했다. 이문원과 그를 파격 등용한 임금을 싸잡아 골탕을 먹이고 싶던 차에 그들에게 기회가 왔다.

과거시험을 볼 때였다. 신하들을 이문원을 고시위원장 격인 도시관(都試官)이란 턱없는 자리에 천거했다. 그 자리는 과거시

험 문제를 출제하고 채점을 하는 자리가 아니던가. 당연히 학식
이 풍부한 사람이 앉는 자리였다.

그 사실을 이문원도 알았지만 '음, 이놈들, 내가 글을 모른
다고 나를 나무 위에 올려놓고는 흔들어볼 셈이구나. 그렇다면
나도 놈들에게 본때를 보여주지'라며 그 자리를 넙죽 받아들였
다. 정조는 그 사실을 듣고는 걱정이 앞섰다. '하, 이 일을 어쩌
나' 하면서도 믿는 구석이 있었다.

이문원의 아버지 이천보가 사도세자를 위한 충정에서 자결
했다. 영조의 뒤를 이어 왕위에 오른, 사도세자의 아들 정조는
이천보의 아들 이문원을 무식한 줄 뻔히 알면서도 눈 딱 감고
낮은 관직을 내린 후 곧 판서 자리까지 내려주었는데 이문원은
정조의 기대 이상이었다. 이문원은 기지와 배짱이 있었고 누구
보다 일을 시원스럽게 잘 처리했다. 정조의 기쁨이 이만저만 아
니었다. 그러니 다른 관료들의 마음이 편할 까닭이 없었다.

마침내 과거 날이 왔다. 그날 아침 이문원은 시험관들을 모
아놓고 모든 일을 맡겨버렸다.

"나야 보시다시피 뭘 알겠소. 믿는 것은 대감들뿐이니 알아
서 잘해주시오."

채점이 끝날 무렵에야 얼굴을 내민 이문원은 엉뚱한 소리를 했다.

"집에 있는 우리 애들에게 보여주려고 하니 시권(試卷, 시험지) 가운데 잘된 것 여남은 장을 차례대로 가려주구려."

시관들은 멋모르고 그렇게 해주었다. 그런데 이문원은 맨 먼저 받은 시험지를 장원급제로 매기고 그다음부터 차례대로 시험 결과를 발표해버렸다. 그 과거는 조선조 500년 가운데 비리 한 점 없는 가장 공정한 과거로 평가된다.

다음은 《동서고사선(東西故事選)》에 나오는 이야기다. 전국시대 제나라의 수도 임치에는 학사 수천 명이 공부하던 직하(稷下)학사원이 있었다. 고대 중국의 최고 상아탑으로 그 무렵 그리스의 플라톤이 세운 아카데메이아와 쌍벽이었다. 유명한 백가쟁명(百家爭鳴)이란 말도 여기서 생겨났다.

그 직하학사원 원장은 이문원처럼 엉뚱한, 노예 출신의 일자무식 순우곤이었다. 제나라의 위왕은 그가 글은 몰라도 남다른 재주가 있음을 알았다. 남다른 재주란 남을 꿰뚫어보는 독심술과 뛰어난 통솔력이었다. 사마천은 《사기(史記)》에서 '그가 뜻을 살피고 표정을 읽는 데 애썼다'고 적고 있다. 우리는 언제

쯤 성적이나 학벌의 틀에서 벗어나 타인의 능력을 제대로 볼

수 있게 될까?

모텔 약사

모텔과 교회, 오늘날 우리나라 도시에는 하늘의 별만큼이나 그 수가 많다. 둘의 성격은 아무리 뜯어봐도 하늘과 땅만큼이나 차이가 난다. 한 곳은 탕남탕녀들이 '지상의 즐거움'을 위해 농탕질을 치는 데다. 다른 곳은 천국 지망생들이 '천상에서 노닐기' 위해 준비하는 데다. 하나는 잡스럽고 다른 하나는 성스럽다.

잡스러운 여관은 언제부터 모텔이라는 '현대화된' 멋스러운 이름으로 우리나라에 나타났을까? 최근 20년 안팎으로 그 역사가 지극히 짧다. 그 짧은 역사에 이렇게 번창하다니 경이롭다. '한강의 기적'이라 해도 될까.

어렵게 살던 1960년대 말까지는 간판에 모텔이라고 적힌 여관이 없었는데 그 뒤 배가 조금 부를 만하니 여관 이름 밑에 '장(莊)'이란 아주 '사치스러운' 말이 나붙기 시작했다. 황금장, 목화장이 처음으로 부산 광복동에 나타났다. 조용필의 '돌아와요, 부산항'이 처음 전국적으로 퍼져 나갔듯 '장' 역시 그랬다.

더욱 배가 불러지니 의식이 개혁되었는지 '장'이라 이름 붙은 여관이 아무래도 촌스럽게 여겨졌다. 정확히 15년 전부터 여관 이름 밑에 '장'이라는 말이 약속이나 한 듯 하룻밤 사이 사라졌다. 그 뒤 모든 장여관이 '모텔'이 되었다. 한국 모텔 이름의 약사(略史)다.

여관은 말 그대로 길을 나선 사람들이 쉬거나 잠을 자기 위해 돈을 주고 한데 어울려 하룻밤 묵는 곳이다. 여기서 '재수 없는 과부는 고자 곁에서 잠을 잔다'는 재밌는 속담이 생겨났다. 여관을 중국에서는 '역려(逆旅)', 우리는 '주막(酒幕)'이라 했다. 고대 중국의 요 임금 때 벌써 여관이 있었다니 그 역사는 4,000년이 넘는다. 그때의 여관 모습은 어떠했을까?

사마천의 《사기》의 이사열전에 등장하는 그 모습은 한때 우리나라의 시골 원두막과 비슷했다. 그러던 여관이 문 앞에 깃발을 나부끼는 번듯한 모습이 된 것은 상품거래가 많아지던 주나라 때로 상인들이 큰 손님이었다. 돈 많은 상인들은 여자를 찾아 혹은 여자를 데리고 여관으로 가곤 했다. 물이 있는 곳에 고기가 있듯 예부터 돈이 있는 곳에는 늘 몸 파는 여자가 있었다. 엄격한 수요와 공급의 법칙을 따르는 경제원리다. 여관이 '모텔 기능'의 조짐을 보인 것이 이렇게도 오래되었다.

역사책에서는 점잖지 못한 것을 꼬치고치 적어놓지 않지만 주나라의 재상이던 강태공은 모텔과 관련된 일화를 남겼다. 소탈하고 '내가 누구입네' 하고 폼을 잡는 사람은 아니었지만 여자를 밝혔던 강태공은 늙어 중앙정부에서 퇴임을 하고는 동쪽 제나라로 가던 중 여느 사람처럼 돈을 주고 여관에 들었다. 그날 밤 노구를 무릅쓰고 여자와 더불어 과로를 했는지 그만 늦잠을 자고 말았다. 다음날 여관 주인이 방문을 느닷없이 두드리면서 늦잠을 자는 강태공에게 호통을 쳤다.

"남자가 너무 늦잠을 자면 큰일을 못해!"

강태공은 여관을 '모텔'로 여겨 탕남탕녀들의 모범이 되었지만 스타일을 완전히 구겼다.

일백 번 고쳐 죽고

'마음을 비웠다.'

뜻이야 어떻든 듣기 좋은 말이다. 그래서 한때 김영삼 대통령이 기자들과 이야기를 하다 슬쩍 이 말을 흘렸는데 그 후 우리나라 사람 모두가 이 말을 무슨 유행어처럼 내뱉었다. 하지만 '마음을 비웠다'는 말은 함부로 할 말이 아니다. 스님들도 수십 년을 두고 마음을 비우기 위해 노력하지만 마음을 다 비우지를 못한다. 마음을 비우면 득도, 바로 깨친 것이다. 극락문(極樂門)이 활짝 열리는 것이다. 그 어려운 걸 대폿집에서 막걸리 사발 들이켜듯 할 수 있는 것이 아니다.

'네 자신을 알라!'

소크라테스가 처음 한 말로 알고 있겠지만 틀렸다. 소크라테스도 김영삼 대통령처럼 아테네 신전 기둥에 쓰인 이 말이 하도 좋아서 한번 해본 것뿐이다. 이 말도 '마음을 비웠다'는 말만큼이나 깊은 말로 '네 본성, 자성(自性)을 알라!'는 불교의 뜻을 담고 있다. 속된 말로 '네 꼬라지, 진면목을 살펴보라'는 뜻이다.

어쨌거나 오늘날 김영삼 대통령이나 2,500백 년 전의 소크라테스는 속절없이 표절범(?)이다. 유명한 사람들 가운데 유독 표절범이 많다. 아이러니 하게도 그들이 유명하기 때문에 그런 것도 같다. '노병은 죽지 않고 다만 사라질 뿐이다'라는 맥아더 원수의 말도 마찬가지로 육군사관학교 식당 벽에 낙서처럼 휘갈겨 있던 말이었다.

우리에게도 심각한 표절이 있다. 정몽주의 〈단심가(丹心歌)〉가 그렇다. 다음은 신채호의 《조선상고사》에 등장하는 이야기다.

정몽주와 이방원이 선죽교에서 만났다. 이방원은 정몽주가 말을 듣지 않으면 그 자리에서 작살을 낼 작정이었지만 먼저 그의 마음을 떠보기 위해 미리 지어두었던 시 한 수를 읊었다.

'이런들 어떠하며 저런들 어떠하리. 만수산 칡이 얽힌들 어

떠하리.'

정몽주는 그 시에 대한 답시가 얼른 떠오르지 않았다. 난감했다. 평소 한주(韓珠)의 시가 마음에 들어 외워두었던 그는 이 급한 상황과 맞아 떨어지는 시를 기억해 읊었다.

'일백 번 고쳐 죽어 백골이 진토 되고 넋이 있건 없건 임 향한 일편단심이야 가실 줄이 있으랴.'

정몽주는 이 시 한 편 때문에 그 자리에서 이방원의 칼 밥이 되어 만고충신(萬古忠臣)이 되었다.

한주는 어떤 여인이기에 그런 독한 시를 지었을까?《해상잡록(海上雜錄)》이란 책에 따르면 고구려 안장왕이 태자 때 백제의 행주(幸州)에 변장을 하고 놀러갔다가 그곳 장자의 딸로 절세미인이던 한주를 만나 서로 눈이 맞았고 그렇고 그런 관계를 맺었다. 그런데 왕자가 귀국한 뒤 행주의 태수가 한주에게 눈독을 들였다. 그 뒤는 춘향전과 같았다. 태수가 변 사또처럼 수청 들 것을 추달하자 한주는 위의 시를 읊으면서 어림 반 푼도 없다고 맞섰다. 아름다운 이야기다. 요즘처럼 남의 것 베끼기 편한 시대에 생각해볼 만한 표절 이야기다.

첫사랑

　남자들은 여자들보다 언제나 모든 일에 미련한 것 같다. 첫사랑을 두고는 더욱 그렇다. 여자들은 현실적이다. 남자들은 '첫'사랑의 여인을 죽을 때까지 잊지 않고, 아니 못 잊는다. 여자들은 '마지막' 남자에 대해서 그렇다. 그래서 '남자한테는 첫사랑, 여자에게는 마지막 사랑'이란 말이 생겨난 게다.

　우리는 공자가 여자를 보면 천리만리 달아났을 것으로 여기지만 오해다. 그는 아들을 줄줄이 두어 지금까지 대를 이어 오고 있다.

　공자한테도 첫사랑이 있었다. 그 연인의 이름은 도마(桃馬)! 공자는 일흔이 넘어서까지 그 여자를 잊지 못했다. 남자들한테는 첫사랑이라는 것이 이렇게 쇠힘줄처럼 질기다. 여자들은 이 말을 들으면 침을 땅바닥에 탁 뱉으면서 '미련하기는 지금쯤은 깡그리 다 잊어야 하는 거 아냐!'라며 코웃음을 칠지도 모른다. 어쨌거나 죽음을 앞두고 첫사랑 그 여인을 마지막으로 애절하게 한 번 더 보고 싶어 한 공자는 어느 날 강가에 홀로 앉아 무심하게 흐르는 강물을 물끄러미 내려다보고 있었다. 그때 세월의 무상함과 옛정이 뼛속에 사무치듯 그리워 애절한 시 한 수를 읊었다. 〈천상(川上)의 탄(嘆)〉이다.

"가는 자도 이와 같을까? 밤낮 흘러 쉬지 않는 구나!(逝者如斯夫 不舍晝夜)"

젊을 적 공자는 도마의 손을 이끌고 밀밭에 들어가서 뜨겁게 사랑을 나눴을 것만 같다. 어째서 하필 밀밭이었을까? 중국은 남쪽에서는 벼농사를 지었고 공자가 살던 북쪽은 밀농사를 지었기 때문이다. 유럽에서는 젊은 남녀가 사랑을 나눌 때 포도밭 즐겨 이용했다. 오늘까지 남겨진 옛날 그림들이나 작품들이 그런 꼴을 더러 보여주고 있다. 보리밭은? 여러분 가운데 시골에서 어린 시절을 보낸 이들은 얼굴을 몰래 붉힐 것이다. '보리밭 사랑.' 아지랑이를 이불 삼고 보리밭을 요 삼아 환희에 젖어 사랑을 나눌 때 하늘에서는 종달새가 축가를 불러준다! 얼마나 호연지기(浩然之氣)한가! 그 얼굴들 가운데 '꽃분이'도 '순분이'도 있을 것이다. 애타게 그리울 것이다.

그래서 공자도 넋두리를 했다.

"그때 이웃집 도마는 어디로 시집을 갔을까? 도마는 노고지리 울던 그 하늘 밑을 다 잊었을까? 그 푸르던 처녀가 아직도 살아 있을까? 살아 있다면 하얀 노파가 되어 있겠지. 무정세월(無情歲月), 그 얼굴을 언제 다시 한 번 볼까나!"

공자는 첫사랑에 대한 그리움을 알알이 토해냈다. 지난 일들은 다 그리운 것! 더구나 남자들한테 첫사랑이야 말해 무엇하랴!

동성애 이야기

"곧 저희 여인들도 순리대로 쓸 것을 바꾸어 역리로 쓰며 이와 같이 남자들도 순리대로 여인 쓸 것을 버리고 서로 향하여 음욕이 불 일 듯이 하매 남자가 남자와 더불어 부끄러운 일을 행하여 저희의 그릇됨에 상당한 보응을 그 자신에게 받았느니라."(신약, 로마서, 1,26-27)

사도 바울은 동성애의 뒤끝이 좋지 않다고 겁을 주고 있다. '상당한 보응도 이미 받았다'고 했는데 무엇을 어떻게 받았단 말인가? '창세기'에 나오는 유명한 '소돔과 고모라' 이야기를 보자. 그 성(城)들의 여자들과 남자들은 하느님도 말릴 수 없을 정도로 동성애를 즐겼는데 하느님은 '에라 모르겠다'며 유황불로 아예 싹 쓸어버렸다. 훗날 남자끼리의 얼림을 소돔의 이름을 따 '소도미'라고 불렀다.

하느님은 인간의 동성애를 어째서 그렇게 싫어했을까? 하느님은 첫 사람인 아담을 손수 진흙을 이겨 만들었다. 하지만 그다음 수많은 사람을 하나하나 손수 만들 수 없었다. 아니 귀찮아서 그걸 사람에게 위임했다.

역시 하느님은 '사랑의 하느님'인지라 남녀가 '얼리는 그 일'에 따르는 수고로움을 아시고는 보너스로 '섹스의 즐거움'을 덤으로 주었다. 그런데 사람들은 '그 재미가 영 신통치 않다! 차라리 같은 성끼리 얼림이 더 좋다'고 했다. 하느님에 대한 크나큰 항명이었다. 그렇거나 말거나 인간은 아득한 그때부터 동성애를 즐겨왔다.

'태초에' 동성애가 그렇게 시작된 이후 이집트 남자들은 피라미드를 쌓는 중노동에도 아랑곳없이 틈만 나면 동성애를 즐겼다. 5,000년 전 일이다.

그리스도 빠질 수 없다. 후발주자였지만 단연 동성애 선진국이 되었다. 그리스의 레스포스 섬 출신의 유명한 여류시인 사포르는 시를 지었다 하면 여성 찬미뿐이었다. 그래서 여자끼리 얼림을 그 섬의 이름을 따 '레스비언'이라고 부르게 되었다.

중국도 빠지지 않았다. 《서경(書經)》 이훈(伊訓)편에는 나쁜 풍속과 습관을 꼽는 '삼풍(三風) 십건(十愆)'의 삼풍(三風) 가운데 동성애인 난풍(難風)이 들어 있다. 동성애를 역시 나쁘게 보았다. 주나라 때 특히 동성애가 심했다. 벌서 3,000년도 넘는 이야기다. 중국에서는 '난풍'이라 부르다 근대에 들어와 '남풍(南風)'이라 부른다. 우리는 동성애를 두고 '남색(男色)'이라 불렀다.

《옥루몽(玉樓夢)》에는 '단수지환(斷袖之歡)'이라는 말이 등장한다. 줄여서 '단수(斷袖)'라고 하는데 옷소매를 자른다는 뜻이다. 그 내력이 썩 재밌다. 예수가 이 세상에 태어나기 꼭 1년 전에 죽은 한나라의 애제(哀帝) 때문에 생겨난 말이다. 애제는 동현이란 미소년과 늘 같이 잠을 잤다. 어느 날 동현이 늦은 아침까지 애제의 옷소매를 베고는 기분 좋게 잠을 자고 있었다. 애제는 먼저 일어나고 싶었지만 동현이 깰까 봐 칼로 자신의 옷소매를 잘랐다. 동성애의 내력과 동성애 대한 '고상한' 용어들을 알기나 하자고 한번 정리해보았다.

질투의 무서움

질투는 무섭다. 특히 여자들의 질투는 소름 끼치게 한다. 사무친 원한에서 나오는 것은 더더욱 그렇다. 여자의 원한은 오뉴월에도 서리가 내리게 한다고 하지 않던가. 서리쯤이 아니다. 칠팔월 장마철 하늘을 가르는 벼락만큼이나 무섭다. 설마라고 할 사람도 더러 있을 것이다. 그런 사람들을 위해 예를 딱두 개만 들겠다.

우선 한나라 유방의 여후(呂后) 이야기로 《한서(漢書)》에 등장한다. 건달이던 유방은 여자를 좋아했다. 따르는 여자들이 많았지만 그중 척부인(戚夫人)을 끔찍이 사랑해 여의라는 아들까지 두었다. 여후는 질투 때문에 척부인을 불에 구워 먹을 듯 미워했지만 유방 생전에는 어떻게 할 수가 없었다. 그런데 유방이 죽자 곧바로 공격을 개시했다.

척부인을 가장 아프게 하는 일은 아들 여의를 그녀 눈앞에서 죽이는 것! 여후는 침독을 아들 여의에게 내려 마시게 했고 여의는 즉사했다. 그 아들은 그렇게 죽었지만 척부인은 쉽게 죽이고 싶지 않았다. 천천히 죽여서 원한을 말끔히 씻으려 들었다. 여후는 우선 척부인의 두 손, 두 다리를 자른 뒤 두 눈알을 도려내고 귀를 잘라 귀머거리로 만들었다. 또 약을 먹여 벙어리로 만들었다. 그리고는 척부인을 변소에 가두어놓고 '인체(人彘)'라 불렀다. '사람 돼지'란 뜻이다. 실로 처참한 보복이었다.

그래도 여후는 원한이 쌓인 '그곳'에는 손을 대지 않았다. 인도적이었다고나 할까. 그런데 '그곳'에 참혹하게 보복한 이 있었으니 동방예의지국 우리나라의 여자였다면 믿을 사람이 과연 몇이나 될까? 그 장본인은 바로 명성황후였다. 어름어름했던 고종도 남자라고 여자를 되게 밝혔던 것 같다. 서슬 푸르던 황후의 눈치를 보며 살자니 꽤나 마음고생이 많았는지 허겁지겁 상궁을 건드렸고 아들 하나를 낳았다. 불같이 화가 난 황후는 바로 보복에 들어갔다.

여후는 유방이 살아 있을 때는 꼼짝도 못했다. 유방이 두려 웠기 때문이다. 황후는 고종을 우습게 여겼는지 거침이 없었 다. 칼을 들고는 당장 상궁 장씨의 방으로 달려갔다. 장씨가 엎 드려 살려달라고 애걸을 하자 불쌍하게 여겼는지 황후의 마음 이 바뀌었다.

"상감의 사랑을 독차지했던 자네를 죽일 수는 없네."

하지만 한 가지만은 아무리 너그럽게 봐주려도 그렇게 할 수가 없었다.

"음, 그놈의 원수를 아예 파헤쳐 버려야지, 두 번 다시는 못 쓰게"

황후는 장씨의 그곳의 살점을 깨끗하게 싹 도려내고는 장 씨를 궁 밖으로 내보냈다. 장씨는 10년을 더 살다가 그때의 상 처가 도져 결국 목숨을 잃고 말았다. 황현의 《매천야록》에 실 려 있는 이야기다. 불륜만능시대인 오늘날 가슴이 서늘한 이야 기 아닌가?

갑옷 비사

스페인의 마드리드왕궁 앞에는 조그마한 공원이 하나 있다. 우수의 기사 돈키호테와 즐거운 종자 산초 판사를 위해 만든 공원 같다. 그 공원에는 그들만 있기 때문이다. 돈키호테가 자신만큼이나 삐쩍 마른 말 위에 위엄 드높은 기사로서 무거운 갑옷에 긴 창을 비스듬히 손에 움켜쥐고 앞을 응시한 채 앉아 있다. 그의 충성스러운 종자 산초는 가벼운 보따리 하나만 달랑 등에 짊어진 채 즐거운 표정으로 뚱뚱한 노새 등에 앉아 있다. 즐거운 배낭여행을 나선 것 같다.

소설 속에서 돈키호테는 풍차와 용맹무쌍하게 한판을 벌였지만 슬프게도 결과가 좋지 않았다. 완전 패배였다. 풍차 날개에 맞아 말에서 떨어져 땅바닥에 팽개쳐진 것까지는 좋았다. 싸움터에서 늘 있을 수 있는 일 아닌가! 하지만 충성 덩어리 종자 산초가 주인을 다시 일으키려고 죽을 애를 써도 돈키호테는 죽은 듯 꼼짝도 하지 않았다. 무거운 갑옷에 짓눌려 그런 것이었다. 결국은 산초의 부축을 받아 겨우 일어나기는 했지만 하마터면 씩씩한 기사도 한 번 발휘하지 못하고 불명예스럽게 전사할 뻔했다.

중세 유럽의 기사들은 무거운 갑옷 때문에 말에 혼자 올라앉을 수가 없었다. 하인 둘이서 언제나 떠받쳐주어야 간신히 오를 수 있었다. 12세기 칭기즈칸의 몽고군한테 유럽이 눈 깜작할 사이에 쑥대밭이 된 것도 그들의 무거운 갑옷 때문이었다. 묵직한 갑옷 때문에 몸놀림이 둔한 유럽 병사들은 칼이나 창 한 자루만 달랑 들고 달려들던 몽고군에게 상대가 되지 않았다.

갑옷을 둘러싼 재미있는 이야기들이 프랑크 드 캠프의《고대 기술자들》에 수두룩하다. 1412년 이탈리아의 두 도시 밀라노와 플로렌스가 자고라에서 한판 붙었다. 억수비 속에서 치러진 '치열한' 전투에서 전사자는 놀랍게도 딱 세 명, 플로렌스의 오비지 장군과 부관 두 사람! 적의 창이나 칼에 맞아 전사한 것이 아니었다. 전투 중 말에서 떨어졌는데 무거운 갑옷 때문에 일어나지 못한 채 진창 속에 코를 박고 숨이 막혀 죽은 것이었다. 두 도시는 17년 뒤 다시 붙었다. 이번에는 밀라노에서 전사자가 한 명 나왔다. 그도 창이나 칼에 맞아 죽은 게 아니라 전투 중 말에서 떨어져 무거운 갑옷 때문에 일어나지 못한 채 북새통에 말한테 밟혀 죽은 것이었다.

엄숙한 이혼식

'갈라서지 못해 산다.'

우리네 옛 부부들은 미우나 고우나 검은 머리 파 뿌리가 되도록 한평생을 같이 살았다. 요즘 세상은 어떤가? '너는 너, 나는 나'다. 뒤도 돌아보지 않고 그대로 헤어진다. 군소리 없게끔 뒷마무리로 서류들이 오갈 뿐이다. 사람 살기가 편해졌다고나 할까.

옛날 히브리 시대에도 이혼은 간단했다. 남편은 '지금부터 이 여자는 내 아내가 아니다'란 포기각서를 써서 아내 손에 쥐어주면 그만이었다. 그때 남편한테 찜찜한 구석이 없는 것은 아니었다. 부인이 시집올 때 지참금으로 가져온 소, 말, 염소를 뒤

돌려주어야 했기 때문이다.

그리스의 이혼은 재밌다. 남편이 이혼하고 싶을 경우 이혼 증서를 반드시 아내에게 주어야 했다. 남편의 의무였다. 왜 그랬을까? 이혼을 당한 여자가 재혼할 경우 새 남편에게 그 증서를 반드시 보여야 했고 새 남편은 '주인 없는 물건'을 얻었다는 증명을 해야 했기 때문이다. 그렇지 않을 경우 '도둑놈'이 되었다.

남녀가 결합할 때는 나팔 불고 북 치고 온 마을이 떠들썩하도록 성대하게 결혼식을 올리지만 서로 갈라설 때 이혼식을 거행한다는 소리는 여태 듣지 못했다. 그러나 딱 한 군데 있었다. 옛날 한 집시족이 그랬다. 이들한테는 결혼식이라는 것은 아예 없었다. 오다가다 눈이 맞아 함께 살면 그뿐이었지만 갈라서는 이혼식만은 반드시 치렀다. 그것도 지극히 엄숙하고 까다롭고 거창했다. 이 성스러운 이혼식 날은 반드시 승려가 잡았다. 되도록이면 정오에 거행했는데 온 마을 사람이 이혼식에 참석할 수 있었기 때문이다. 이혼식 순서는 이랬다.

우선 승려가 백마의 심장을 칼로 찌른다. 이혼할 부부는 죽은 말을 사이에 두고 마주 본다. 이때 밉다고 서로 눈을 흘겨서는 절대로 안 된다. 승려가 주문을 외우는 동안 서로 손을 맞잡고 있다 주문 외우기가 끝나면 부부는 죽은 말의 주위를 오른쪽, 왼쪽을 세 바퀴 돈 후 뜨거운 포옹을 한다. 이혼식을 치르는 동안 부부는 서로 말을 해서는 안 된다. 이혼할 뜻이 없는 것으로 여겨지기 때문이다. 승려가 다시 주문을 외우면 남편은 말 머리 쪽에, 아내는 말 꼬리 쪽에 각각 선다. 그리고 악수를 한 뒤 서로 헤어진다. 이때 남편은 북쪽으로, 아내는 남쪽으로 등을 돌려 걸어간다. 살아서는 두 번 다시 만나지 않겠다는 뜻이다. 민속학자 심슨은 집시족의 이런 까다로운 이혼식이 이혼을 막아보려는 그들의 지혜에서 나왔다고 풀이했다.

쥐새끼

약아 빠지고 얄미운 짓들만 골라하는 사람을 두고 '쥐새끼'라 부른다. 쥐한테는 참으로 원통한 일이다. 우리나라에서만 그렇지 다른 나라에서는 쥐를 하늘처럼 떠받들고 있다. 중국 음식점에 가보라. '서서발재(鼠鼠發財)'라고 벌겋고 크게 써넣은 큰 표구를 볼 수 있는데 '쥐들이 재운을 몰고 온다'는 뜻이다. 쥐가 재수가 있는 짐승이라는 말이다. 십이간지를 보더라도 열두 마리 짐승 가운데 맨 앞에 쥐가 있다. 쥐의 위상이 그렇다. 참고로 청나라 문필가 조익에 따르면 십이간지는 한나라 때부터 시작됐다.

나이든 쥐는 족제비나 뱀을 우습게 안다. 우리말에도 '늙은 쥐가 독을 뚫는다'지 안는가. 쥐는 지혜 덩어리고 의리가 끝내준다. 신세를 지거나 학대를 받은 일에 대해서는 자자손손 이어가면서 그 빚을 반드시 갚는다.

고대 이집트에서는 종교적 이유 때문인지 쥐를 대단히 숭상했다. 쥐를 죽이는 자는 사형! 기원전 701년 아시리아의 센나케리브 왕이 이집트 침공을 위해 대군을 이끌고 이집트 입구인 펠루시온에 진을 쳤다. 침략군을 막을 길이 없었던 이집트 왕 세토스는 한숨만 푹푹 내쉬고 있는데 '걱정 말라'는 암시를 받았다. 그날 밤 이집트의 쥐들이 말 그대로 '쥐떼처럼' 새까맣게 적진에 몰려가서 가죽으로 된 적의 화살통, 화살, 칼집, 군복 따위를 모두 갉아 먹었고 군량미까지 모두 먹어 치웠다. 아시리아군은 이집트 군과 싸워보기도 전에 쥐한테 먼저 완전히 무장해제를 당했다. 맨몸으로 달아날 수밖에 없었다. 세토스 왕은 쥐가 하도 고마워 쥐 한 마리를 손에 높이 든 석상을 하나 세우고는 이렇게 써놓았다.

"쥐에게 경의를 표하라!"

쥐는 한 번 앙심을 품었다 하면 오뉴월 여자들의 원한 따위는 저리 가라다. 그 강대하던 로마 제국의 멸망이 쥐들의 복수 때문이었다면 믿을 사람이 있을까? 로마가 도시정비를 할 때 쥐가 도시를 더럽힌다며 '쥐 잡기 운동'을 벌였는데 많은 쥐가 생목숨을 잃었다. 쥐들의 수가 턱 없이 줄어들었다. 금실 좋은 쥐 부부 한 쌍은 4년 만에 10대 손자까지 보면서 후손을 무려 1,092만 690마리를 둔다고 하는데 살아남은 쥐들은 곧 자손을 충분히 두었을 때 마침내 로마에 대한 복수에 나섰다. 페스트 전염병 퍼트리기! 치명적이었다. 로마시민은 거의 싹쓸이되고 말았다. 그 후 북쪽에서 고트족이 쳐들어왔는데 대항할 병사가 없어 망하고 말았다. 독일인 안톤 리스카의 《1조억 번의 공격》이란 책 속에 나오는 이야기다.

인도에서는 '쥐 같은 사람'이란 말을 듣는 사람은 황송해서 몸 둘 바를 모른다. '제가 감히 어떻게 그런 소리까지 들을 수가 있습니까?' 인도에서도 쥐 대접이 그렇다. 요즘 촛불시위에서 이명박 대통령을 두고 '쥐새끼, 이명박'이라던데 이때 쥐를 지혜, 부, 의리의 상징으로 긍정적으로 봐야 하나? 부정적으로 '쥐새기 같은 놈'이라고 봐야 하나?

곡소리

어릴 때였다. 어느 날 건너 마을에 초상이 났다. 가난하고 별 볼 일이 없던 김 초시의 죽음이었다. 개도 가난한 집보다는 부잣집 나들이를 좋아한다고 했다. 하물며 영악한 사람들이야 어땠겠는가! 김 초시의 집에는 문상객들이 거의 없었다. 쓸쓸한 상가였다. 내 어머니는 '곡부조' 하러 그 집엘 갔다. 맹랑한 부조지만 옛날에는 그런 부조가 있었다.

망자의 죽음을 슬퍼하는 곡소리의 크고 적음은 상갓집의 위세를 가늠해주는 바로미터였기에 곡소리는 가문의 영광이 달린 크나 큰 문제였다. 아울러 신종 직업이 등장했으니 상가의 곡소리를 드높이는 전문직이다.

기원전 3000년경 바빌로니아에서 직업 곡쟁이가 처음 나타났고 이 전문직이 더욱 번창한 것은 기원전 2000년경 이집트였다. '수요가 있는 곳에는 공급이 있다'는 경제원칙이 있듯 부르는 곳이 많았기 때문에 오늘날 벤처기업처럼 대단한 인기업종이 되었고 고소득을 올렸기에 자연히 선망의 직업이었다. 그 무렵 이집트에서 행세하는 상갓집은 경쟁적으로 전문 곡쟁이를 불러들였다. 위세를 더욱 떨치기 위해 악단까지 불러 조가를 집이 떠나가도록 연주케 했다.

중국에서는 상갓집을 찾아다니면서 곡만 전문으로 해주는 여자를 '읍파(泣婆)'라 불렀다. 베이스의 투박스런 남자들의 울음소리보다는 여자들의 소프라노가 한결 간드러지게 애간장을 녹이는 듯해서 여자가 많았던 것 같다. 부잣집에서 수십 명씩 읍파를 불러 대단한 곡소리가 울려퍼지면 사람들은 '옳거니, 저 상갓집은 사대부 가문이구나' 하며 우러러보았다.

우리나라 민간에는 '곡부조'는 있었어도 곡쟁이가 있었다는 이야기는 듣질 못했다. 하지만《세종실록》에 따르면 국가 차원의 곡쟁이들은 있었다. 이들을 '곡종비(哭從婢)'라 불렀는데 전문직은 아니었다. 서양 고대의 곡쟁이나 중국의 읍파는 신분이 모두 사인(私人)이었지만 조선조의 곡종비는 국가 소속 준공무원 신분이었다. 태조 이성계의 장례식 때 시정의 잡색녀(雜色女)들을 동원, 곡을 합창케 하여 상여 뒤를 따르게 했는데 아마추어라 곡소리가 들쭉날쭉 형편없었다.

"국상이 이래서는 안 되겠다. 더구나 나라 체통이 서지 않는다."

세종은 개혁조치를 단행, 이들을 국가에 소속시켜 곡소리 전문직업교육을 실시했다가 국상 때가 되면 등장시켰다. 곡은 결국 산 자를 위한 것일 뿐 죽은 자를 위한 것은 아니었다. 요즘은 그런 곡소리마저 듣지 못한다.

네 탓, 내 탓

어느 시어머니가 비 오는 날 며느리들에게 물었다.

"누가 오늘 장독 뚜껑을 덮었느냐?"

며느리들 모두가 자기가 했다고 했다. 이렇게 좋은 것은 모두 내 탓이다.

"개천아 네가 그르냐, 눈먼 내가 그르지."

어느 장님의 고백이다. 내 탓, 내 실수, 내 잘못이다. 얼마나 아름다운가. 그런데 대부분은 그렇지 않다. 개천을 나무란다. 이왕 말을 꺼냈으니 내 탓, 네 탓 문제를 놓고 재미있는 이야기를 한 번 해보자.

먼저 '네 탓' 케이스다. 중국 선화상인(宣化上人)의 《개시록선

집(開示錄選集)》에는 염라대왕이 고기를 먹은 사람을 잡아다가 재판하는 이야기가 나온다.

"네 이놈, 살아 있을 때 고기를 많이 먹었겠다. 어째서야?"

"예, 먹기는 먹었습니만 어찌 제 탓이겠습니까? 고기를 파는 사람이 있기 때문입니다."

"여봐라, 정육간 그놈을 빨리 잡아들여라."

"네 이놈, 어째서 고기를 팔았는가?"

"대왕님, 고기를 사는 사람이 있기 때문입니다. 사는 사람이 없다면 소인이 무슨 재주로 고기를 팔 수 있겠습니까."

"옳거니, 네놈 말도 맞다."

고기를 먹은 사람과 판 사람은 마지막으로 도살자에게 책임을 떠넘겼다.

"여봐라, 그 도살자 놈을 당장 잡아 대령하렸다."

"네 이놈, 아무리 짐승이지만 어찌 생목숨을 끊었단 말이냐? 그 죄는 무간지옥에 떨어지고도 남음이 있도다!"

"대왕님의 말씀대로 생목숨을 끊은 것은 사실입니다. 그런데 대왕님도 사정을 아시면 꼭 소인 탓만 할 수는 없을 것입니다. 소인도 손에 피를 묻히고 싶지는 않았습니다. 하오나 고기를 먹는 사람이 있고 또 파는 사람도 있기에 도살을 하게 된 것입니다."

염라대왕은 사람들이 책임을 서로 미루는 얄미운 꼴을 보고는 기가 차서 재판을 그만두고 말았다. 사람이란 책임을 남에게 뒤집어씌우는 데 이골이 나 있는 걸까?

그런가 하면 '내 탓이요'라고 시원스럽게 외치는 여자가 있었다. 바로 한고조 유방의 황후 여후다. 여후는 유방이 죽자 기다렸다는 듯 '나도 왕조를 세울 때 한몫했다'며 정권을 틀어쥐고는 내놓지 않았다. 그 과정에서 하늘도 용서치 못할 잔인한 짓을 너무 많이 했다. 척부인의 손과 발을 자르고 변소에 가둬 사람돼지로 만든 것도 모자라 그 아들까지 죽였으니 말 다 했다. 사마광의 《자치통감(資治通鑑)》에 나오는 이야기다.

어느 날 갑자기 일식이 생겨 천지가 어두워졌다. 조정 상하가 크게 놀라 웅성거렸다. 옛날에는 일식을 군주한테 잘못이 있을 때 하늘이 주의를 주는 것이라 여겼는데 그때 여후가 나서 자신의 잘못을 인정했다.

"일식은 누구한테도 책임이 없다. 바로 내 탓이야."

'정치꾼이란 강이 없는 곳에 다리를 놓아주겠다고 허풍을 떠는 놈'이라고 옛 소련공산당 서기장 흐루쇼프는 말했다. 정치인들은 무슨 책임질 일이 생기면 모두가 '네 탓'이다. 핫바지 속에서 방귀가 새듯 모두 빠지고 만다. 우리 정치판에서 '내 탓이요'라고 말하는 정치인을 본 적이 있는가?

술꾼 병정들

술은 어디서나 말썽이다. 특히 군인들이 술에 취해 말썽을 일으키면 나라가 거덜난다. 조선 인조 때 용골대와 마부대 두 장군의 청나라 군사들이 쳐들어왔다. 병자호란이다. 그때 눈물겹던 모습을 일기로 남겨놓았던 나만갑의 《병자록(丙子錄)》 1636년 12월 14일자 일기를 그대로 옮겨보자. 나만갑은 인조를 곁에서 모시던 중신이었다.

'적병이 이미 서울에 가까이 이르러 전하께서는 창황히 대궐을 떠나셨다. 오후에는 남대문으로 나가 강화로 향하시려고 했는데 호장(胡將) 마부대가 수백 철기(鐵騎)를 인솔하고 이미 홍제원(오늘날 홍제동)에 이르렀다. 전하께서는 다시 성안으로 들어

오시어 남대문 문루에 오르셨다. 상하가 당황하여 어찌할 바를 모르고 허둥대기만 했다. 서울 안 사대부들은 늙은이'를 부축하고 어린이는 손을 잡아끌면서 피란을 가느라고 법석이었다. 울음소리가 거리에 가득했다.

전하께서는 도감대장 신경진으로 하여금 모화관(慕華館)에 나가 적을 막게 했다. 그날 아침에 먼저 도감장관 이홍업을 보내 마병 80여 기를 갖고 적병을 막게 했다. 아뿔싸! 그들은 하직을 하고 떠나갈 때 전하로부터 하사받은 푸짐한 술과 안주, 친구들이 준 그 많은 술을 깡그리 다 마셔버렸다. 그 결과는 보나 마나였다. 모두가 곤드레만드레 되어 말 위에도 제대로 오를 수 없었다. 어쨌거나 창릉(경기도 고양시에 있는 예종과 계비 안순 왕후 한씨의 무덤) 건너편까지는 용하게 나갔다. 적을 만났지만 싸움이 되지를 않았다. 그 싸움에서 몰살을 당하고 딱 두 사람만 살아남았다.'

결국 인조는 삼전도에서 마부대 앞에 무릎을 꿇고는 '형님이라 부르겠나이다'라며 항복했다.

기원전 중국의 한나라가 북쪽 흉노의 밥이었듯 로마 또한 북쪽 게르만족한테 그랬다. 기원전 102년 게르만의 보이오릭스 왕이 군대를 휘몰아 알프스산을 넘어 로마로 쳐들어갔다. 그들은 포강변 로마 사람들의 포도주를 모조리 약탈했다. 그런데 그것이 패전의 화근이 되었다. 포강을 사이에 두고 두 군대가 대치했다. 양측은 전투를 다음날 새벽에 하기로 합의를 해두었다. 그동안 보이오릭스 군대는 로마군과 싸움을 했다 하면 연전연승, 언제나 이겼다.

“이번 싸움도 마찬가지일 텐데 축하주를 미리 마셔두는 게 어떨까?”

몇몇 병사들이 바람을 넣자 다른 병사들도 그러자고 했고 왕 역시 동의했다. 전승주를 미리 마시는 데 상하가 완전 동의했다. 그들은 축하주를 너무나 많이 마시고는 호기롭게 임전무퇴를 결의했다. 군인으로서는 당연한 일이었고 군인정신으로도 좋았다.

그런데 참으로 어이없는 짓을 하고 말았다. 결의를 다짐하느라고 모든 병정이 허리띠를 풀어 몸을 한 줄로 굴비 엮듯 묶고는 잠에 빠지고 말았다. 말 그대로 자승자박. 로마군에게 이 해괴한 정보가 날아들었다. 로마군은 약속대로 아침까지 기다릴 것도 없었다. 바로 밀고 들어가 보이오릭스 왕을 비롯해 게

거든.”

르만 병정을 무 자르듯 싹쓸이하고 말았다. 로마가 게르만족과 싸워 이긴 딱 한 번의 전투였다. 오토 지어러의 《세계사의 별들》에 나오는 이야기다. 술은 패가망신뿐만 아니라 나라도 기울게 한다.

재주는 곰이 넘고

신약성경을 보면 예수가 요단강에서 요한으로부터 세례를 받은 뒤 성령이 하늘에서 '비둘기처럼' 예수의 머리 위에 내렸다고 한다. 그래서인지 기독교인들은 비둘기를 신성하게 여기고 있다. 생김새부터 깨끗하고 부드럽고 평화스럽다. 기독교인이 아닌 사람들도 무슨 기념일에는 비둘기를 하늘로 날려 보낸다.

이런 비둘기들한테 사람들은 못된 짓들만 골라 시켰다. 중국인은 역시 중국인이라 돈 문제에서는 그 독한 유대인마저 중국인 앞에서 두 손을 싹싹 비빈다. '재주는 곰이 넘고 돈은 중국놈이 먹는다'는 말은 중국인의 기막힌 돈 벌이를 빗댄 말이다.

곰 재주는 문제도 아니다. 영물로까지 여겨지는 비둘기한테 도둑질을 시켜 돈을 벌었다면 과연 믿을 사람이 몇 될까? 중국인들이 그렇게 했다. 우리의 재치 있는 문장가 연암 박지원이 중국 여행 중 두 눈으로 직접 보고 기록해놓은 중국 견문기《열하일기(熱河日記)》를 뒤져보면 기절초풍할 이야기가 나온다.

요동의 한 상점 주인은 길손에게 말 먹이 콩을 파는 것 외에는 다른 물건을 파는 데는 영 마음이 없었다. 말 먹이 콩으로 큰 재미를 보았기 때문이다. 놀라운 일은 그 콩을 '공급받는' 방법이었다. 중국인 스스로도 이런 일이 일어날 것을 알았는지 '기상천외(奇想天外)'란 말을 일찍 만들어놓았다. 하늘마저 혀를 내두를 만큼 놀라운 방법이었다.

주인은 비둘기 수천 마리를 길렀는데 아침 일찍 이들을 요동 벌판으로 날려 보냈다. 비둘기들이 남의 콩밭에서 콩을 배가 터지도록 도둑질해 먹고는 저녁나절 집으로 돌아올 동안 주인은 양잿물을 말 먹이 통에 담아두었다. 비둘기들이 목이 말라 그 양잿물을 마시면 뱃속에 든 콩을 모두 토해놓았다. 주인은 빗자루로 콩을 쓸어 모으면 되었다.

19세기 이야기라서 의심쩍다면 더 확실한 이야기를 해보자.

20세기 말 독일인의 이야기다. 그는 1970년대 중엽 5년 동안 베이징 주재 독일대사를 지낸 에르빈 비케르트 박사. 대사는 중국에 근무하면서 보았던 중국인의 놀라운 재주에 입을 다물지 못했다. 그의 저서《안에서 본 중국》에 나오는 이야기다.

베이징 근교 주민들은 하는 일도 없이 빈둥거리면서도 다른 곳보다 늘 잘 먹고 잘 살았다. 대사는 의심쩍어 알아보고는 놀랐다. ‘세상에 이런 일도!’ 그들은 비둘기들한테 도둑질 교육부터 시켰다. 그다음이 신체개조작업이었다. 훔친 곡물의 양을 많이 운반하도록 비둘기들의 위를 확장시킨 것! 물론 대대익선, 크면 클수록 좋았다. 준비가 끝나면 비둘기들을 국가 소유의 곡물창고 쪽으로 날려 보냈다. 돌아온 비둘기들은 양잿물을 마시고 곡물을 모두 토해냈다. 비둘기들은 배고픈 나머지 다시 그 창고로 날아갔다. 비둘기 100마리가 하루 동안 훔친 곡물은 대략 90kg였다. 중국에서 한 해 몇 천만 명이 굶어 죽던 문화혁명 때였다. 이런 중국인을 상대로 우리가 돈을 벌 것 같은가? 글쎄?

죽음, 그것도 좋지

"그대는 죽음이 두렵지 않은가?"

"나한테 묻는 말이요? 죽음이 두렵지 않냐고? 무슨 말을 그렇게 하시오? 언젠가는 죽어야 할 몸, 어느 때 죽으나 마찬가지니. 미적거릴 것 없이 지금 죽는 것도 차라리 좋겠는 걸."

'개똥밭에 굴러도 이승이 좋다'고들 하는데 지금 죽어도 좋다니 이런 일이 또 있나? 지극히 상식적인 질문에 지극히 비상식적으로 대답하다니! 이런 대답을 도대체 누가 했을까? 놀랍게도 동서양을 대표하는 철학자들이 약속이나 한 듯 거의 같은 시대에 그렇게 말했다. 그리스의 소크라테스와 중국의 공자.

플라톤은 스승 소크라테스가 독약 사발을 들던 날 곁에서 그의 최후 모습을 지켜보았다. 《대화》의 〈파이돈〉은 플라톤이 그 장면을 곁에서 직접 보고 소상하게 기록해놓은 것으로 소크라테스의 최후 법정진술이 나와 있다.

"잘 생각해보시오. 죽음이란 둘 가운데 하나이오. 하나는, 죽으면 모든 게 곧 끝장이어서 아무런 의식이나 감각도 없을 것이오. 또 하나는, 영혼이라는 것이 있어서 이 영혼이 이승에서 저승으로 자리를 옮기는 것이 될 것이오. 아무런 감각이나 의식 없이 죽어 있는 상태를 따지고 보면 그때는 죽음이란 꿈도 꾸지 않은 채 깊은 잠에 빠져 있는 것과 같을 것이오. 이런 것이라면 그때 죽음은 지극히 환영할 만하다 하지 않겠소.

한번 생각해보시오! 우리 한평생에서 꿈을 꾸지 않고 기분 좋게 푹 잠을 자는 밤이 과연 몇 번이나 되겠소? 손가락으로 헤아릴 수가 있을 만큼 분명히 몇 밤이 되지 않을 것이오. 죽음이 만일 그런 것이라면 죽음이 어찌 고마운 일이 아니겠소. 그러니 죽음도 한번 해볼 만한 일이라 하지 않겠소. 그리고 죽음이란 것이 이사를 가듯 이곳에서 다른 곳으로 장소를 옮기는 것이라면 이보다 더 신나는 일이 어디 있겠소? 하지만 이제는 떠날 때가 되었소. 나는 죽기 위해서, 여러분들은 살기 위해서! 그러나 우리들 가운데 누가 더 좋은 일을 앞으로 만나게 되어 행복하게 될지는 오로지 신밖에는 모를 일이오. 그럼, 모두들 안녕히 계시오!"

우리는 자주 쓰지만 중요한 말들을 혼란스럽게 뒤섞어 쓰기 때문에 듣는 이 역시 혼란스럽다. 소크라테스는 앞의 진술에서 '행복'이란 말을 쓰고 있는데 '떡 본 김에 제사 지낸다'는 말이 있듯이 이 말을 간단히 정리하고 넘어가자. 우리는 행복과 즐거움을 아무런 생각 없이 뒤섞어 쓰고 있는데 안 될 일이다. 이 말들은 엄청난 차이가 있다. 아니 차원이 아예 다르다.

행복은 아무래도 정신 쪽이고 즐거움은 육체 쪽이다. '나는 요즘 행복하다'고 말할 때 육체적인 면이 아니고 정신적인 면에서 그렇다는 것이다. 정신적인 희열이다. 성직자들의 뛰어난 설교나 법문을 듣고 마음이 상쾌해지거나 음악이나 미술 따위의 예술을 감상하고 도취되어 정신적으로 느끼는 기쁨, 이런 것이 바로 행복이다.

돈이 많다고 행복한 것은 절대로 아니다. 즐거움일 따름이다. '나는 요즘 즐겁다'고 말할 때 정신적인 면이 아니라 육체적인 면에서 그렇다는 것이다. 관능적인 쾌락이다. 백화점에서 쇼

펑을 하거나 근사한 식당에서 맛있는 음식을 먹을 때 '아, 나는 지금 행복하다'고 말하는 사람은 없다. 그것은 즐거움이다. 어디까지나 육체적으로 느끼는 기쁨이다.

행복과 즐거움을 유식하게 문자를 써서 정리해보면 행복은 형이상학적 상위개념이고 즐거움은 형이하학적 하위개념이다. 따라서 행복 속에는 즐거움이 있지만 즐거움 속에는 행복이란 없다.

소크라테스는 영혼불멸주의자였다. 그한테는 육신이 죽어도 믿는 구석이 있었다. 죽은 뒤 '갈 곳'이 있었다. 하지만 공자는 달랐다. 철저한 무신론자(無神論者)였던 그는 죽은 뒤 '갈 곳'이 당연히 없었다. 그런대도 죽음을 배포 좋게 마다하지 않았다. 무관심했다는 것이 더 정확할 것 같다.

전국시대 초 도가 사상가인 열어구(烈禦寇, 열자)가 지은 《열자(列子)》의 천서(天瑞)' 편에 나오는 이야기다. 공자가 어느 날 제자들을 데리고 위나라로 가고 있는데 제자 자공(子貢)이 뜬금없이 물었다. 자공은 공부하는 것이 아주 지긋지긋하게 싫었다.

"학문이라는 것은 어느 정도 해야 그만 둘 수 있습니까?"

116

"살아 있는 동안은 그만 둘 수 없는 것이다."

"그러면 저 역시 그만 둘 한계점이 없는 것입니까?"

"있기야 있지, 저 무덤을 보라. 넓고 큰 것도 있고 높이 쌓아 올린 것도, 둥글게 만든 것, 모양은 저렇게 가지가지지만 너도 결국 그 속으로 들어가기 마련이며 그때야 비로소 공부를 그만 둘 수 있다."

"과연 죽음이란 대단한 것이군요. 훌륭한 사람에게는 휴식처가, 못난 범인들한테는 노역장이 되는 셈이군요."

"너도 이제야 그것을 알게 된 모양이로구나. 사람들은 누구나 살아 있는 즐거움만 생각하고 그것이 고통이라는 걸 생각지 않으며 또 나이를 먹으면 몸이 약해지고 고달픈 것만을 알고 그 편안함을 생각지는 않는다. 죽는 것이 나쁜 것인 줄만 알고 그것이 휴식처라는 것을 모르고 있다. 그러니 한번 죽어볼 만하지 않은가?"

남자 위에는 여자

중국 역사상 왕조를 세운 왕들은 한결같이 공처가였다. 한나라의 유방, 수나라의 양견 그리고 명나라의 주원장이 대표 공처가였다. 중국 땅에서는 한 왕조가 끝날 무렵이면 낮이나 밤이나 서로 얼려 싸움질을 했다. '개와 호랑이 사이에는 흥정이 없다'는 듯 한쪽은 꼭 죽어야 했다. 그런 처절한 싸움에서 살아남은 사람들이니 오죽 억셌겠는가!

유방은 여자들을 '앉아서 오줌이나 누는 것들'이라고 깔보았고 마누라한테 눌려 사는 남자들을 보고는 '계집 엉덩이에 깔려 죽을 놈들'이라고 조롱했다. 하지만 집 밖에서만 그랬지 집 안에 들어갔다 하면 사람이 바뀌었다. 아내 여후 앞에서 무서워

고개를 바로 들지 못했다.

유방은 괴로웠다. 타고난 색광으로 여자 없이는 하루도 살 맛이 나지 않았던 것이다. 황후의 눈을 속여 여자들을 건드렸지만 손바닥으로 하늘 가리기였다. 번번이 탈로가 났다. 영리한 황후는 그의 약점을 잡고는 권력 흥정을 하려 들었다. 유방으로서는 어쩔 수 없이 가장 중요한 인사권을 황후에게 일부 떼 주었다.

공처가라기보다 애처가였던 명나라 주원장은 접어두고 공처가 가운데 가장 처량했던 수나라의 양견 이야기로 넘어가자. 만승천자(萬乘天子)의 자리에 앉았지만 양견은 여자문제에서만큼은 어느 촌부만도 못했다.

독고 황후의 서슬에 눌려 천자의 전유물인 그 많은 후궁 하나 마음대로 못했다. 그래도 그는 남자였고 황제였다. 어느 날 '죽을 셈 치고' 궁녀에게 손을 댔다. 그야말로 '칼 물고 뜀뛰기하듯' 위험하기 짝이 없는 짓이었다. 하지만 황후한테 바로 들키고 말았다.

참새가 방아 공이에 치어 죽어도 쩩 하고 죽는다지 않는가. 그때 양견이 그랬다. 참다못한 그는 '사나이답게' 대담한 결심을 했다. '황후 때문에 황제업을 도저히 못해 먹겠다!'며 황관을 벗어 던지고는 산속으로 달아나버린 것이었다. 역사상 전대미문의 '황후에 대한 황제 반란사건'이었다. 나라꼴을 보다 못한 재상 고경이 양견을 찾아가 간곡히 일렀다.

"황제가 여자문제로 천하를 한 시도 비워놓을 수 없으니 나오셔서 제업(帝業)을 다시 수행하십시오."

양견은 마지못해 그런 듯 뒤통수를 긁으면서 산에서 나왔다. 그런데 뒷날 독고 황후는 고경이 양견에게 간할 때 '여자문제'라는 말을 했음을 알고는 여자를 무시했다며 곤욕을 치르게 했다. 청나라 문필가 조익(趙翼)은 중국 역대 황제 가운데 수문제만큼 불상한 황제는 없었다며 독고 황후의 질투심을 비판했다.

사람 사는 곳은 어디나 똑같다. 남자치고 부인, 자식한테 이기는 사람이 없다.《플루타르코스 영웅전》에 나오는 이야기다. 아테네의 지도자였던 테미토클레스는 어느 날 참다못해 아내에게 이렇게 말했다.

"여보, 아테네인은 그리스를 지배하고 나는 아테네를, 당신은 나를, 그리고 아들 녀석은 당신을 지배하고 있단 말이요. 어떻게 된 일이요?”

오늘날 남자들 신세도 크게 다르지 않은 것 같다. 그들에게 선배 공처가들의 이야기가 위로를 줄 수 있을까?

노름

노름을 두고 경상도 어느 지방에서는 '땅달구'라 부른다. 그 까닭을 모르겠으나 어쨌든 노름의 역사는 참으로 유구하다.

'슬픈 것은 노름꾼 아내의 신세. 애달픈 것은 노름꾼 아들을 둔 어머니의 시름.'

인도의 예 경전《리그베다》의 '도박의 노래'장에 나오는 구절이다. 노름에 미치면 아내도 팔아먹는다니 아내가 슬플 것이요, 살림이 바닥 날 것이니 어머니가 시름에 젖을 것이다. 이 경전은 얼마나 오래되었을까? 3,000년도 넘었다. 노름의 뿌리가 얼마나 깊고도 튼실한지를 짐작하고도 남음이 있겠다.

문화인류학자들은 노름이 사유재산 개념이 생겨남과 동시

에 시작되었을 것이라고 어림하고 있다. 이 짐작이 맞는다면 노름의 역사는 거의 1만 년이나 됨직하다. 인류 문명과 같이했다는 말이다. 이런 노름이 하루이틀 사이에 없어지겠는가.《리그베다》의 구절은 계속된다.

'이상하구려, 튕겨 오르면서 손 없는 주사위가 손 있는 사람을 휘어잡고 있네. 이상하구려, 차가운 주사위가 숯불보다 더 뜨겁게 사람의 간장을 애태우누나.'

그때, 그 시절 노름꾼들이 노름에 미쳐 환장한 모습을 눈으로 보듯 잘 그려놓았다.

중국에서도 노름의 뿌리는 깊다. 노름을 둘러싼 어휘가 풍부하다. 그 가운데 '고주(孤注)'란 말을 살펴보자. 이 말의 주(注)자는 물을 솥이나 큰 그릇 속에 쏟아 붓는다는 뜻인데 노름판도 그렇다며 노름을 그렇게 불렀다. 고주는 딱 한판에 모든 것을 걸어 속된 말로 '쇼부'를 본다는 말이다.《자치통감》에서 유래한 이 말은 어느 신하가 황제에게 간하면서 '한꺼번에 모든 것을 걸지 말라'는 뜻에서 했던 말인데 어쩌다가 노름이란 말이 되었다.

옛날 노름판에도 오늘날처럼 어음이 돌았다. 외상 노름이다. 중국에서는 어음을 '회자(會子)'라 불렀다. 어음은 앞으로 어느 정한 날에 빌린 돈을 갚겠다는 약속증서다. 같은 증서라도 노름판의 어음에는 갚는 날짜가 따로 없다. 거덜 나서 노름판이 끝나는 그 순간부터 갚아야 한다. 변제능력 따위는 아랑곳없다. 외상 술값보다 노름빚이 그래서 더 무섭다는 것이다.

어음 이야기가 나왔으니 그에 따른 재미있는 이야기를 하나 하고 넘어가자. 1863년 피터 시몬이라는 유태인의 중앙아시아 견문기인 《아시아의 모하메드》에 나오는 희한한 이야기다. 대상과 원주민 사이의 물건흥정이 끝났는데 외상거래였다. 그들은 서로 모르는 사이였다. 원주민이 시몬에게 물었다.

"당신은 글을 좀 아시오?"

"알지요."

"그렇다면 내가 부르는 금액을 여기 어음에 적어주시오."

그런데 원주민은 그 어음을, 물건 값을 받을 상인에게 주는 것이 아니라 지불할 자신의 호주머니 속에 쑥 집어넣었다. 대필을 해준 시몬은 하도 기묘한 일이라 그 까닭을 묻자 원주민은 말했다.

"당연히 내가 갖고 있어야 물건 값 지불할 날짜를 잊지 않거든."

명군의 조건

명군이 되려면 무엇보다 스파이 질을 잘해야 한다. 역사가 가르쳐주는 교훈이다. 그런 명군은 많았지만 딱 두 경우만 찾아보자. 뚜렷한 두 명군을 동서양에서 한 사람씩 가려보았다.

아바스왕조의 알 만수르는 오늘날 이라크 수도 바그다드를 762년에 건설한 군주다. 아바스왕조가 낳은 뛰어난 명군이었다. 그의 통치방침은 바로 스파이 정치였다.

그는 바그다드 성 안에 틀어 박혀 밖으로 나오지 않았고 중요한 자리에 있는 모든 관리에 전담 밀정을 하나씩 붙여놓았다. 물론 멀리 떨어져 있던 지방에도 마찬가지였다. 아울러 그는 아들은 물론 친인척이라고 봐주는 법이 없었다. 말 그대로 공명정대(公明正大)!

한번은 수도에서 멀리 떨어진 어느 지역의 지사가 사냥에 열중해 공무를 소홀히 한다는 보고가 들어오자 곧 그를 참형에 처했다. 알 만수르는 먼 지방의 법정판결이나 물가까지 손바닥을 들여다보듯 훤히 꿰고 있었다.

왕자 무함마드가 동쪽 어느 지방에 총독으로 있을 때였다. 어느 시인이 왕자를 찬양하는 시를 지어 바쳤는데 그 상으로 많은 돈을 주었다. 그 사실이 중앙에 있던 알 만수르의 귀에 들어갔다. 그는 곧 사자에게 칼을 들려 왕자에게 보냈다. 사자는 차마 왕자를 죽일 수가 없었기에 왕자에게 돈을 돌려주라고 시인에게 알려주었다. 그 사실도 알 만수르의 귀에 들어갔고 사신은 왕명 불이행으로 죽었다. 모든 관리들이 벌벌 떨었다.

나라 안에는 알 만수르가 천리 밖의 일도 다 알 수 있는 '마법의 거울'을 갖고 있다는 소문까지 나돌았다. 알 만수르는 그런 소문을 부인하지 않았다. 아니 은근슬쩍 그런 소문이 널리 퍼지도록 해놓았다. 관리들은 부패는커녕 치적을 올리려고 밤낮을 가리지 않았다. 경쟁적이었다. 아바스왕조가 짧은 기간에 초강대국이 된 것은 알 만수르의 물 셀 틈 없는 스파이 정치 때문이었다. 역사가들의 일치된 의견이다.

청나라 옹정제도 스파이 정치를 펴서 명군 소리를 들었다. 그는 스파이 정치를 은근슬쩍 즐겼고 그런 인상을 주기 위해 노력도 했다. 그는 만주 팔기군을 스파이로 썼다.

옹정제는 마작의 폐해가 하도 심해 한때 마작 금지령을 내렸다. 왕운금이란 장원이 정초에 친구들을 모아 심심풀이 마작을 했다. '금지된 장난'이었다. 마작을 하는 도중 패가 하나 없어져 마작놀이를 중단했는데 다음날 황제가 그를 불러 물었다.

"경은 어제 어디서 무엇을 했는고?"

그는 뜨끔했지만 숨길 수가 없어 그대로 자백했다. 황제는 그 정직함을 칭찬하고는 상으로 마작패 하나를 건네주었다. 그런데 이게 웬일인가! 어젯밤에 잃어버렸던 바로 그 마작패가 아닌가!

한편 지방에 안찰사로 부임하던 한 관원이 하인을 새로 채용했는데 3년 임기를 마칠 무렵 그 하인도 하직을 했다. 그런데 관원이 황제에게 귀임을 보고하는 자리에서 그 하인이 황제 곁에 시립해 있는 것이 아닌가. 그는 기겁을 했다. 역시 치적이 올랐다. 옹정제 때 관리들의 치적은 당태종 때를 빼고는 중국 역사상 가장 뛰어났다고 한다.

스파이 정치라는 것도 만수르나 옹정제쯤 되는 뛰어난 군주라야 효과가 있다. 우리 정부 관리들의 기강이 엉망인데 인권 따위는 잠시 집어두고 스파이 정치가 한번 하면 어떨까?

통곡대회

전한과 후한 사이의 짧은 기간에 신(新)이라는 나라가 있었는데 왕망(王莽)이 세운 나라였다. 그는 진짜 정신 나간 군주였다. 집권하자마자 바로 시작한 일이 명칭개혁이었다. 고구려(高句麗)에 대해서는 '제가 높으면 얼마나 높다고 건방지게 높을 고(高)자냐?'며 낮을 하(下)자의 '하구려(下句麗)'로 나라 이름을 바꾸었다.

이렇게 아이들 장난 같은 어처구니없는 짓을 계속했다. 뒷날 역사가들이야 한 번 웃으면 그뿐이지만 당하는 백성들은 말이 아니었다. 민란이 여기저기서 터져 나왔고 나라는 소용돌이 속에 놓였다. 이것저것 다 잃을 판이었다. 그때 왕망의 나이는

70세에 가까웠다.

그는 날마다 아침부터 전복을 안주 삼아 술을 마셨다. 그렇다고 무슨 뾰족한 수가 생기는 것도 아니었다. 어느 날 나라꼴을 보다 견디지 못한 대사공 최발이 왕망 앞에 납작 엎드렸다.

"전하, 옛날에는 나라에 재앙이 생기면 곡을 해서 그것을 피했다고 합니다. 제발 하늘에 곡을 올려 구원을 청하십시오."

"하, 그렇게 나라를 구하는 법을 짐은 여태 모르고 있었구려. 늦지 않아 다행이구려."

그 임금에 그 신하였다. 왕망은 군신들을 남교라는 곳으로 데리고 나가 하늘을 향해 크게 곡을 했다. 모두가 목이 터지라고 크게 곡을 했지만 아무래도 그 곡소리가 하늘에 닿지 않는 것 같았다. 슬프지 않아 효험이 없는 것 같았다. 왕망은 명을 내렸다.

"그렇다면 누구든 곡을 크고 슬프게 하는 사람에게는 낭(郎)의 벼슬을 내리리라."

곧 백성들이 구름처럼 몰려들었다. 국민 통곡대회였다. 조상 대대로 해보지 못했던 그 귀한 벼슬이 걸린 곡이 아닌가. 출세 길이 열리는 것이었다. 그렇게 낭이 된 자가 무려 5,000명이 넘었다. 그런데 어쩌나, 그들이 벼슬자리에 앉기도 전에 왕망의 신나라는 망하고 말았다.《후한서(後漢書)》에 나오는 이야기다.

서쪽 예루살렘에서도 통곡대회가 있었다. 70년 이스라엘은 로마한테 무자비하게 망하고 말았다. 예루살렘 성은 '돌 위에 돌 하나도 남김없이' 망하리라는 예수님의 예언 그대로 허물어진 채 성벽만 남았다.

이스라엘 백성들은 피가 철철 흐르도록 그 벽에 이마를 찧으면서 통곡을 했다. 왕망의 백성들처럼 무슨 벼슬 따위를 바라서 그랬던 것은 아니다. 민족 감정에 복받쳐 그랬다. 그 열정적인 감정도 세월의 흐름에 따라 식기 마련, 요즘은 그 통곡의 벽에다 머리를 대고는 조용히 기도만 할 뿐 통곡하는 사람은 드문 것 같다. 어쨌거나 유명한 '통곡의 벽' 이야기는 그렇게 해서 생겨났다.

요즘 같은 대명천지 밝은 세상에 집단통곡이 있다면 과연 믿을까? 그것도 바로 우리 곁에서 새벽마다 일어나고 있다. '종교적' 통곡이다. 신나라 백성들은 벼슬자리를 얻기 위해, 이스라엘 백성들은 억울한 민족 감정을 풀기 위해 그랬지만 요즘 새벽마다 교회에서 우렁차게 들리는 통곡소리는 자신의 죄를 회

개해 천국에 가려고 그런 것 같다. 열광적이다. 죄를 짓고도 뻔
뻔하게 아무 일 없다는 듯 살아가는 요즘 세상에 그래도 자신
의 죄를 회개하는 그 통곡은 사회의 소금이 되고 또, 아름다운
일이 아닌가. 과연 그럴까?

굶어 죽다

'풍요 속의 빈곤'이란 말이 있는데 '풍년 속 거지가 더 서럽다'란 뜻과도 통한다. 먹을 것이 없으면 굶어 죽지만 먹을 것을 곁에 쌓아 두고도 굶어 죽는 썩 괴이쩍은 일도 있다. 놀랍게도 범세계적 현상이다. 이 독특한 사회현상은 사회 병리현상이라고 해도 좋다. 특히 여자들한테 돌림병처럼 퍼져나가고 있다. 보건당국에서조차 손을 쓰지 못하고 있다. 인구는 국력이기에 사회적, 국가적으로 심각한 문제이지 않을 수 없다. 어떻게 이런 일이 일어나고 있는 것일까? 알고 보면 맹랑하기가 짝이 없다. 다 유행 때문이다.

여자들은 유행을 위해서 한 몸을 초개처럼 아낌없이 던진다. 맹목적이다. 그 유행이란 시도 때도 없이 늘 변한다. 그래서 유행(流行)이다. 유행도 가지가지지만 그 가운데 여체유행(女體流行)만 두고 이야기를 해보겠다. 그런데 이 유행이 헤겔의 변증법을 정확하게 따르고 있다. 정, 반, 합! 여체유행 문제를 두고 무슨 변증법까지 들먹이느냐고 항의할 사람도 있겠다. 하지만 다시 생각해봐야 한다. 철학자들이야 변증법을 몰라도 별 상관 없지만 여자들은 변증법적 유행의 흐름을 모르면 생사결판, 삶과 죽음의 갈림 길에 놓이게 된다.

여체유행이 그동안 어떻게 이어져왔을까? '말라깽이'(정) '뚱뚱이'(반) 그리고 '기준치'(합), 역사적으로 정확히 이렇게 순환해왔다. 이를 두고 역사법칙이라고도 한다. 요즘은 말라깽이가 유행이지만 중세 유럽에서는 풍만한 여인을 쳐주었다. 그 뒤 날씬함이 유행하다 한동안 기준치에 머물었고 세계2차대전 직후는 풍만함이, 요즘은 날씬함으로 변했다.

중국인 문필가 진순신의 《소설 십팔사략(十八史略)》을 보면 이 유행에 얽힌 이야기가 나온다. 1200년 전 당 현종은 이원(梨園)을 세워 아름다운 여인을 수천 명이나 모아두고 풍류를 즐겼다. 그때 풍만한 여인 양귀비가 현종 앞에 느닷없이 나타났다.

당시는 역사 순환법칙에 따라 여체풍만시대! 현종은 그 여인의 풍만함에 아랫도리를 제대로 가누지 못했다.

뚱보 양위비가 '양귀비'가 될 수가 있었던 것'은 유행을 미리 알았던 것! 애석하게도 이원의 여인들은 유행의 흐름을 몰랐고 황제 앞에서 날씬한 몸매를 경쟁적으로 자랑하려 했다. 그 결과 많은 여인들이 죽었다. 궁정의 의원들은 풍요로운 궁정 안에서 여인들이 굶어 죽을 줄은 꿈에도 몰랐다. 오늘날 역사법칙에 맞추기 위해 젊디젊은 여인네들이 애석하게도 숱하게 굶어 죽어가고 있다. 그런데 역사법칙을 따른, 그 좋다던 공산주의가 망했다는 사실을 여인네들은 반드시 알아둘 것.

목을 매다

예수는 무엇과도 바꿀 수 없는 것이 제 목숨이라고 했다. 이때 목숨이란 땅 위의 비리비리한 그것이 아니다. 성령으로 거듭난 생명을 말한다. 하지만 속된 우리야 개똥밭에 굴러도 좋다는 이승의 목숨을 두고 말한다. 천금같이 귀하다. 사람들의 행위를 가만히 관찰해보라. 무슨 행위든 결국은 제 목숨 하나 부지하려는 것뿐이다.

그런 귀한 목숨을 제 손으로 끊는 건 어떻게 된 일일까? 살기가 싫어 그런 모진 짓을 하는 것일까? 절대로 그렇지 않다. 제 손으로 목숨을 끊는 그들이야말로 누구보다 더 삶에 애착을 갖고 있다. 그들은 어떻게든 삶을 오래 이으려 든다. 하지만 지금 여건이 되지 않을뿐더러 더 살아보아도 그럴 것만 같다. 아니, 그렇다고 확신한다. 그때 '삶의 유지와 포기'를 저울질해본다. 포기 쪽이 자신에게 '유리하다'는 판단이 설 때 삶을 서슴없이 포기한다. 마지막 순간까지 이기적이다. 하지만 정신과 의사들의 말에 따르면 자살자들 모두가 '되돌릴 수 없는 마지막 순간'에는 그 행위를 후회한지 않는가! 그때는 애달프게도 때가 늦다.

오쇼 라즈니쉬의 《법구경》에는 엉뚱하게도 루마니아의 자살 지망생 이야기가 등장한다. 어느 젊은이가 더 살아봐야 재미있을 것 같지 않아 자살하기로 결심했다. 용감하게 보일지 몰라 철길을 택했다. 어느 날 저녁 무렵 그가 커다란 빵 자루를 겨드랑이에 끼고는 철길 위에 반듯하게 누워 있었다. 마침 그곳을 지나던 농부가 하도 괴이쩍은 모습이라 물었다.

"젊은이, 지금 철길 위에 누워서 뭐 하는 거요?"

"허, 노인장. 보면 모르시오? 시방 기차를 기다리고 있는 중이오."

"음, 자살하려는군. 그런데 그 많은 빵은 무엇이오?"

"노인장도 익히 아시듯 이놈의 나라에서 기차가 언제 제때에 온 적이 있답디까. 그놈의 기차가 오기도 전에 내가 먼저 굶어 죽을 수도 있단 말이오."

옛날 우리네 여인들은 원통하고 절통한 일이 있으면 치마를 뒤집어쓰고 가까운 연못에 몸을 날리거나 뒷담 느티나무 가지에 치마끈으로 목을 매달았다. 예나 지금이나 어느 곳에서나 목을 매는 게 가장 손쉬운 자살방법이다.《플루타르코스 영웅전》에 나오는 이야기를 보면 옛날 그리스 사람들도 목매는 것을 좋아했던 것 같다.

아테네 교외에 티코라는 괴짜가 살고 있었다. 그의 텃밭에 늙은 느티나무가 한 그루 서 있었는데 으슥한 곳이라 아테네 남녀가 그 나무를 자주 애용했다. 자살하는 데 말이다. 무슨 영험이 있는지 하필 그 나무에서 목을 매달았다.

티코는 자살하는 모습을 보는 게 여간 큰 재미가 아니었지만 그 나무를 베고 그 자리에 집을 짓고 싶었다. 그래서 아테네 시민들에게 미리 통고를 했다. 헛걸음을 시키지 않기 위한 배려였다.

"친애하는 아테네 시민 여러분, 애석하게도 이 나무를 베게 되었습니다. 희망자는 계획을 앞당겨 어서 와서 이용해주시기

바랍니다."

그런데 그렇게 친절하게 권한 뒤에는 그 나무에서 자살하는 사람이 하나도 없었다. 멍석을 깔아놓으면 하던 짓도 하지 않는 법.

요즘 젊은이들은…

아득한 옛날부터 오늘날까지 변함없이 쭉 내려오는 걱정 한 마디가 있다.

"요즘 젊은이들 짓거리를 보면 말세야 말세."

2600년경 이집트 제5왕조 때 재상 부하라 호텝은 자식들과 그 또래 젊은이들이 하는 짓을 보고는 한탄했다.

"요즘 젊은것들이 하는 짓을 보니 말세가 가까워 왔구나."

그러면서 노인을 공경하고 주색에 빠지지 말라고 귀가 따갑도록 일렀다. 단군 할아버지가 나라를 세운 기원전 2333년 파피루스에 쓰여 있는 걱정이다. 오늘날 파리 루브르박물관에 가면 이 파피루스를 볼 수 있다.

도덕군자인 공자도 이 문제를 두고 빠질 수 없다. 그 역시 '요즘 젊은이들은……'이라며 한숨을 크게 내쉬면서 인의예지(仁義禮智)를 열심히 가르쳤다. 짝이라도 맞추려는 듯 100년 뒤 털보 영감 소크라테스도 눈을 부릅뜨고는 '요즘 젊은이들은……' 하면서 도덕교육에 열을 올렸다. 예수도 '때가 곧 가까이 왔다'고 했다. '때'란 물론 말세를 말한다.

이런 한탄이나 걱정을 듣던 젊은이들은 노인네의 부질없는 헛걱정이라며 언제나 콧방귀를 뀌었다. 맞는 말인 것 같다. 노인들의 걱정대로라면 세상이 그동안 망해도 몇 백 번은 망했어야 하기 때문이다. 그런데 세상은 멀쩡하다.

그런 걱정을 하는 노인들은 처음부터 노인이 아니었다. 어린이가 젊은이로, 그다음 늙은이가 되었다. 걱정하던 노인들도 젊을 때는 기성 가치나 도덕을 뒤엎으려 들었다. 노인들의 걱정은 대물림으로 내려오고 있는 것이다. 그 헛걱정은 남녀에 따라 다르게 불리는데 할아버지들의 그것을 기우, 할머니 그것은 노파심이라 한다. 그런데 헛걱정은 그냥 헛걱정일 뿐인가?

요즘 젊은이들은 날이 갈수록 퇴폐해지고 있다. 물질문명의 발전 속도만큼이나 빠르게 변하고 있다. 30년 전만 해도 버스나 전철에서 나이 드신 분들이 자리가 없어 두리번거리면 누구랄 것도 없이 먼저 본 젊은이가 자리를 내주었다. 20년 전 젊은이들은 눈을 감았지만 그래도 미안한 마음에 자는 척이라도 했다. 요즘은 어떨까? 아무것도 아랑곳하지 않는다. 두 눈을 말똥말똥 뜨고서 힘겹게 서 있는 노인을 빤히 올려다본다.

옛날에는 이런 경우 어떻게 했을까? 1959년 중국 간쑤성 무위현에서 〈왕장소서령(王杖紹書令)〉이라는 죽간이 출토되었는데 요즘 젊은이들이 보면 등짝이 서늘해질 이야기가 실려 있다. 서한 때의 경노관계법이다. 그 가운데 한 조문이 특히 눈에 띈다. 말을 타고 가는 젊은이가 지팡이를 짚고 힘겹게 걸어가는 노인을 보고도 말에 태워주지 않고 먼지를 일으키며 달려가거나 노인에게 불손한 말과 행동을 하면 불문곡직 대역무도 죄로 다루어 참형! 바로 목을 잘랐다. 당시 젊은이들의 기강이 바로잡혔다고 한다. 죽인다는데 어쩌랴!

안경천국

요즘은 안경을 '눈에 낀다'고 말한다. 옛날에는 안경을 '코에 건다'고 했다. 다니엘 보르스틴의 《발명》이란 책 속에도 안경이 처음 나왔을 때 모두 '안경을 코에 건다'고 했다 한다.

안경쯤은 끼고 있어야 유식하고 고상하게 보일까 해서 그런지 안경을 끼는 사람들이 우리나라에 너무 많다. 한때 일본이 그랬다. 그 앞서는 서양이 그랬다. 안경을 일본말로는 '메가네'라 하는데 한때 일본인으로서 메가네를 끼지 않는 사람은 일본인 축에도 들지 않는다는 말까지 돌았다.

우리는 어땠는가? 옛날에는 안경을 끼고 있는 사람을 '안경잡이'라 불렀다. 존경은커녕 얕잡아보았다. 안경을 낀 사람을 보고 '재수 없다'고도 했다. '그럴 리가?' 하고 고개를 내저을 사람도 있을 것이다. 하지만 사실이었다. 택시 운전사는 첫 손님으로 안경잡이를 절대로 태우지를 않았다. '하루 종일 재수가 없다'는 이유였다. 접객업소에서는 안경잡이에 대한 대접이 참으로 참혹했다. 손님으로 받아주지 않는 것까지는 그래도 좋지만 거절을 당하고 돌아선 안경잡이의 뒷꼭지에 대고는 소금을 뿌렸다. '재수 없는 물건, 얼른 썩 꺼지'라는 뜻이었다.

어째서 안경잡이들이 그런 대접을 받았을까? 선입견 때문이었다. 요즘은 책을 많이 봐서 눈이 나빠져 안경을 끼는 사람이 드물 것이다. 옛날에는 공부를 많이 해서 눈이 나빠진 사람이 안경을 꼈다. 그런 사람들은 아는 것이 많기 마련이고 무엇이든지 요모조모 따지려고 들기 십상이다. 한마디로 성질이 까다롭다는 오해를 받은 것이다. 접객업소나 택시 기사들뿐이 아니라 어디에서든 인간미가 없는 사람으로 취급받았다.

알고 보면 접객업소에서 안경잡이에게 소금을 뿌린 건 무식의 소치였다. 소금을 뿌리는 건 원래 '재수 없다'가 아니라 '재수가 있으라'는 말이었다. 말이 나온 김에 그 내력을 한번 알아보자. 진순신의 《소설, 십팔사략》에 나오는 이야기다.

죽은 제갈공명한테 쫓겼다는 사마중달의 손자 진 무제는 저녁만 먹고 나면 고민거리가 하나 있었다. 후궁의 미녀 선택 문제였다. 후궁에 미녀가 자그마치 1만 명이나 득실거렸다. 무슨 재주로 그 미인들의 얼굴 하나하나를 기억할 수가 있겠는가.

"음, 오늘 밤엔 누구와 잘까?"

그때 떠오른 아이디어가 참으로 참신하고 기가 막혀 천고에 빛날 것이었다. 양을 타고 후궁 안 복도를 돌다가 타고 가던 양이 머무는 방에서 자는 것! 그런데 머리가 좋은 후궁 하나가 꾀를 하나 냈다. 자기 방 앞에 양이 좋아하는 대나무 잎을 꽂고 소금을 뿌려놓은 것이었다. 무제가 탄 양은 그것을 먹기 위해 계속해서 그 여인의 방 앞에 멈추었고 그 후궁은 '재수 좋게' 무제를 독점할 수 있었다. 이렇듯 소금 뿌리기는 재수가 있으라는 것이었다.

참고로 드 캠프의 《고대 기술자들》을 보면 안경은 1286년 이탈리아 피사의 프리아르 기오르다노가 처음 발명한 것으로 되어 있다. 그 후 15세기에 마테오 리치가 중국에 전파했고 우리나라에는 구한말 때 전해졌다. 늦게 배운 도둑질이 밤새는 줄 모른다고 바야흐로 대한민국은 안경천국.

개 팔자

사람이 개와 더불어 한 가족처럼 지내게 된 것이 도대체 언제부터였을까? 동물학자들은 대략 신석기시대쯤이었을 것으로 어름하고 있다. 그럴 만한 까닭이 있다.

개란 놈들은 짐승들 가운데 힘이 아래도 위도 아니고 어정쩡해서 잡아먹을 만한 짐승들이 별로 없었다. 배가 고픈 개들은 먹고 살기 위해 사람들이 살고 있는 움막 촌 주위를 어슬렁거리기 시작했다. 언제나 고기 굽는 냄새가 나는 그곳 사람들은 고기를 먹고는 뼈를 멀리 훌쩍 던졌다. 개들은 그 뼈를 냅다 받아먹으며 시장기를 면할 수 있었다. 그래서 움막 촌을 멀리 떠나지 못하고 주위를 맴돌았다. 떠난다는 것은 굶어 죽음을 뜻했으니 말이다.

사람들한테도 커다란 문제가 있었다. 사나운 짐승들이 밤마다 움막 촌에 내려와서는 어린이들을 헤치거나 가축들을 잡아갔다. 어떻게 손 쓸 방법이 없었다. 걱정만 했지 고스란히 당할 수밖에 없었다. 그런데 언젠가부터 움막 촌 주위에 있던 개들이 사나운 짐승들이 내려오면 크게 짓기 시작했다. 사람들에게 야수의 침입을 미리 알려주려고 그런 것은 아니었겠지만 사람들은 개 짓는 소리를 듣고는 짐승들의 공격에 미리 대비할 수 있었다.

사람들은 개들이 너무 고마웠지만 짐승들은 개들 때문에 먹고 사는 문제에 위협을 받게 되었다. 그때 짐승들한테는 개들이 문자 그대로 '개새끼들'이었다. 개들은 계속해서 짐승들을 위협했다. 사람들에 대한 개들의 과잉충성 때문에 짐승들은 먹고 사는 문제를 훨씬 넘어서 이제는 목숨이 위태로워졌다. 사람들이 자신들을 사냥하려고 나설 때는 언제나 개들을 앞세우기 때문이다. 개란 놈들 때문에 사람의 눈에서 피할 곳이 없게 되었다.

이래저래 사람과 개는 서로 이해가 맞아 떨어져갔다. 세월이 갈수록 사람이나 개의 마음속에 서로에 대한 믿음이라는 것도 생겨났다. 굳은 신뢰다. 그렇다면 개와 다른 동물들과의 관계는 어떨까? 개는 다른 동물들한테 배신자가 될 수밖에 없었다. 먹고 사는 문제 때문에 생겨난 배신을 넘어서 목숨을 위협하는 철천지원수가 되고 말았다.

개와 짐승이 함께 등장하는 말을 통해 그 관계를 얼마든지 짐작할 수 있다. 견원지간(犬猿之間)은, 개와 원숭이 사이에 무슨 일이 있었는지 모르지만 서로가 도저히 용서할 수 없는 원수관계를 나타내는 말이다. 서양의 '개와 호랑이 사이에는 흥정이 없다'는 말은 죽기 살기로 대치하는 관계를 뜻한다.

개는 이제 야생으로 돌아갈 수 없다. 지난 1만 년 이상이나 사람한테 붙어서 밥을 얻어먹어 왔으니 야생에서 혼자서 살아갈 재주가 없는 것이다. 하지만 요즘은 옛날처럼 사냥 안내를 하거나 집을 지키는 등의 일을 하지 않고 사람들이 애지중지 키우는 자식이 되었다. 개 팔자가 상팔자!

12세기 만주 여진족의 금나라는 이른바 '악의 축'이요 '불량국가'였다. 금나라는 '선군정치(先軍政治)'를 하여 자랑할 것은 난폭한 힘 하나뿐이었다. 그 힘을 써볼 대상이 부유한 남쪽의 송나라였다.

중국 남쪽은 곡창지대여서 역사적으로 볼 때 북쪽을 먹여 살려왔다. 북쪽 금나라는 양식이 떨어질 때마다 '요즘 형편이 어려워 말을 남쪽으로 몰고 가서 풀이라도 좀 먹일까'라고 협박하면 남쪽 송나라는 그 힘이 두려워 꼬박꼬박 곡식을 실어 보냈고 해마다 은 25만 냥, 비단 25만 필을 실어 올렸다.

그런데 송나라 조정에서 금을 반대하는 세력이 나타났다.

금나라 조정은 이를 알아차리고는 송나라에서 포로로 잡아온 진회(秦檜)를 간첩으로 세뇌시켜 송나라 조정에 들여보냈다. 송 고종은 목숨 걸고 탈출해온 진회의 충성스러움에 감격해 예부상서로 임명하고는 곧바로 재상인 참지정사(參知政事)로 승진시켰다.

간첩 진회가 할 일은 조정에 친금파를 만드는 것이었다. 25세에 진사에 급제한 수재인 진회가 재상으로서 고종의 신임을 한 몸에 받으니 진회 쪽으로 세력이 몰려들었고 강력한 친금세력이 생겨났다. 진회의 꼭두각시들이었다. 진회는 이들을 앞세워 남북화해를 위해 부유한 송나라가 가난한 금나라를 마땅히 도와야 한다고 했다.

하지만 송나라의 한세충(韓世忠), 악비(岳飛) 같은 보수파 군부세력은 그런 굴욕적인 친북정책을 반대했다. 막무가내 '퍼주기'를 더 이상 참을 수 없다며 금나라와 한판 붙자고 나섰고 싸움에서 승승장구했다. 이때 놀란 쪽은 싸움에서 지고 있는 금나라 조정이 아니라 진회의 친북세력이었다.

진희는 금나라를 망쳐놓을 군부 보수세력을 없애야 했다. 우선 '금나라와의 평화를 깼다'고 고종에게 상소하여 1141년

11월 악비를 모반죄로 몰아 죽였다. 그 뒤 보수세력은 모조리 소탕되었다. 금나라에 대한 송나라의 위치가 '동생'이었으나 바로 그해부터 '신하'로 떨어졌다. 친북세력의 공로였다. 금나라는 송나라에 마음 놓고 손을 벌릴 수 있었고 친북세력은 이리저리 돌아볼 것 없이 마음대로 퍼줄 수 있었다. 주는 쪽, 받는 쪽 모두가 기뻤다.

그 무렵 금나라 위쪽 초원에서 초강대국 원나라가 일어났다. 원나라군은 먼저 곁에서 약을 올리던 금나라를 뒤엎어버렸다. 그때 송나라 친북세력은 금나라를 도와야 한다고 나섰지만 애석하게도 그럴 힘이 송나라에겐 없었다. 원나라는 송나라마자 점령하고는 송나라를 배반한 친북세력부터 싹쓸이해버렸다. 신생국인 원나라는 무엇보다 대의를 세워야 한다는 명분이었다. 진희는 중국 5,000년 역사상 대표 매국노로 꼽히고 있다.

오늘날 양쯔강 유역 항저우 근처 서호 가에는 악비 사당이 있다. 그 사당 앞에 기묘한 돌 구조물이 하나 있는데 목에 줄이 꽁꽁 묶인 채 땅바닥에 누워 있는 진회 부부를 악비가 짓밟고 있는 석상이다. 중국인들은 지난날 중국의 역사를 잊지 않고 있다. 남북으로 갈라진 우리의 역사는 앞으로 어떻게 될까?

웰빙 국화빵

우리나라 사람들이 슬쩍슬쩍 끌어다 쓰는 외래어 가운데 배꼽 잡고 웃을 만한 것들이 너무 많다. 쓰임새도 유행인 듯 때때로 바뀌어 재밌다. IMF 구제금융 위기 때 'IMF 가격'이라는 것이 있었는데 어느 상점에서나 대문짝만 하게 써 붙여놓았다.

당시 어느 신문에서 그 가격표를 본 외국인이 쓴 글을 읽은 적이 있다. 그는 그 가격표를 보고는 한국 경제가 거덜 나 IMF(국제통화기금)가 한국의 물가통제를 위해 가격을 강제로 지정해준 것이라고 여겼다고 했다. 경제가 어려워 물건이 잘 팔리지 않으니 떨이로 팔아 치우려는 눈물겨운 모습을 그가 몰랐던 것이다. 이제 'IMF 가격'은 어디서도 찾아볼 수 없다. 잘살게 되어 그런 게 아니라 한물간 말이 되었기 때문이다.

그 뒤 '나라, 땅'의 의미인 '랜드(land)'가 적힌 간판이 온 나라를 뒤덮은 적이 있었다. 특히 시골 변두리에서 그랬다. 이를테면 '전자 랜드' '맥주 랜드' 따위들. 그러나 요즘은 그런 상호가 뜸해졌다.

기특하게도 끈질기게 생명을 이어오는 상호가 하나 있다. '미니 슈퍼'가 그것이다. 우리나라에 슈퍼마켓이 처음 등장했을 때 구멍가게 주인들은 자신의 가게도 슈퍼마켓처럼 멋스럽고 고상하게 보이고 싶었을 것이다. 그런데 자신의 가게를 아무리 뜯어보아도 슈퍼마켓만큼 규모가 크지 않으니 안타까웠다.

그렇다면 어떻게 한다? 슈퍼 앞에 작다는 뜻의 영어 '미니'를 얹어놓으면 될 것 아닌가? 그렇게 동네 구멍가게들이 하루아침에 모두 '미니 슈퍼' 간판을 달게 되었던 것이다. 주인들이야 자신의 초라한 구멍가게가 '현대화'된 듯해서 기분 좋고 뿌듯했겠지만 외국인들은 웃을 수밖에 없었다. 크다는 뜻의 '빅(big)'보다 훨씬 더 큰 것이 '슈퍼(super)'다. 그래서 아주 엄청나게 큰 가게를 슈퍼마켓이라 부르기 때문이다.

요즘 우리나라에서 어디를 가나 듣고 보는 말이 바로 웰빙이다. 웰빙 풍년이 들었다. 웰빙이라는 말이 붙지 않으면 장사하는 사람들은 장사를 못하고 소비자들은 죽을 줄로 알고 있는 것 같다. 웰빙 두부, 웰빙 삼겹살, 웰빙 파마, 웰빙 팬츠 등등. 그 말이 집창촌이라고 빠질 수 있겠는가? 바로 '웰빙 섹스'! 물론 어떤 섹스인지는 알 수 없다.

어느 날 골목길에서 국화빵 아주머니가 라면상자에다 '웰빙 국화빵, 1000원에 8개!'라고 써놓은 것을 본 적이 있다.

"아주머니, 웰빙 국화빵이 뭐예요?"

"나야, 웰빙이 무슨 말인지 모르죠. 알 필요도 없고. 다들 요즘 웰빙, 웰빙 하니까 그렇게 한번 써놓았을 뿐이에요."

옳다. 그래서 우리나라 사람은 이웃 사람이 5일장에 가면 거름 지고 따라 나선다고 하지 않는가!

눈물 젖은 만리장성

"부도장성 비호한(不倒長城 非好漢)."

마오쩌둥의 말로 만리장성에 가보지 않은 사람은 사나이가 아니다라는 뜻이다. 만리장성이 중국인에게 그렇게도 자랑스러운 것일까? 그렇지 않다. 마오쩌둥은 역사에 밝은 지도자였다. 그런 그가 만리장성의 내력을 몰라서 그런 말을 했을까? 어느 정치가나 마찬가지로 그도 춥고 배고픈 중국인에게 긍지를 갖게 하려고 헛소리를 했을 뿐이다.

만리장성을 진시황이 처음 쌓은 것으로 모두들 알고 있지만 아니다. 한족의 여러 나라들이 북쪽 흉노의 등쌀에 못 이겨 성을 띄엄띄엄 쌓아놓았던 것을 진시황이 중국을 천하통일한 뒤 죽 이어놓았을 뿐이다. 오늘날의 번듯한 모습은 명나라 때 갖춰졌다.

만리장성은 한족이 씩씩하게 한번 '넘어보자고' 쌓은 것이 아니다. 애달프게도 흉노의 침입을 '막아보자'고 쌓은 것이다. 흉노는 한족의 그런 애절한 뜻에 아랑곳하지 않았다. 툭하면 만리장성을 넘어와서 분탕질을 쳤다. 그들에게는 그것이 오락이었고 스포츠였다. 그러던 흉노가 그 짓도 귀찮아 만리장성을 넘어와서 한족 땅에 아예 주저앉고 말았다. 그런데도 한족은 옛날이나 지금이나 자신이 천하의 주인이라고 가슴을 쭉 펴고 있다.

좋다. 그렇다면 중국의 긴 역사 가운데 한족이 주인행세를 했던 것이 얼마나 되었을까? 놀라지 말자. 고작 1,000년쯤이다! 청나라, 위나라, 요나라, 금나라, 원나라 등은 한다 하던 북쪽 오랑캐들이 한족의 안방을 차지해 세운 나라들이다. 그들이 오랜 세월 중국 땅의 주인 노릇을 해왔다.

한족은 만리장성을 넘어 흉노 땅에 발을 들여놓으려 들지 않았다. 그럴 생각도 그럴 힘도 없었다. 그런 한족한테도 영광이 딱 한 번 있었는데 한 무제가 만리장성을 처음으로 넘은 것이었다. 그때 중국 천하가 들끓었다. 한족의 영광이었다. 그 뒤로는 줄 것 다 주고도 언제나 죽어지내야 했다. 치욕의 만리장성이었다.

오늘날 한족이 세계 7대 불가사의 가운데 하나에 든 만리장성을 영광으로 여기는 것은 만리장성이 생겨난 눈물진 내력을 모르기 때문이다. 어째서 모르게 되었을까?

'무식한 중국인들은 틈이 나면 마작을 하고 유식한 중국인들은 틈이 나면 역사를 짓는다.'

바로 그것이다. 한족 지식인들이 그들 역사 가운데 꺼림칙한 것은 모조리 쏙 빼놓고 오랑캐 역사라도 번듯한 것은 모두 자신의 것으로 해놓았다.

"만리장성을 넘은 오랑캐 국가들이 어디 남인가?"

이렇게 되면 웅대한 만리장성은 한족한테 영광의 역사적 유산이 되는 것이다. 오늘날 동북공정은 어떤가? 중국은 고구려한테 때때로 참혹하게 당했지만 고구려는 아무래도 빛나는 국가였다. 그래서 중국은 말한다.

"고구려가 어디 남이냐, 우리지"

담뱃대

요즘 흡연을 두고 말이 참 많다. 담배에 얽힌 이야기를 해보자.

담배의 원조는 아메리카 인디언이다. 1492년 콜럼버스는 신대륙에 첫발을 내딛고 인디언을 처음 보는 순간 너무나 기가 찼다. 기가 차기는 인디언도 마찬가지였다. 인디언이 본 유럽인의 꼴은 코는 뭘 얻어먹겠다고 그렇게 높으며 키는 장대같이 컸다. 머리카락도 노랬고 눈알은 파랬다. 뭣 하나 자신들과 같은 구석이라고는 없었다.

콜럼버스 일행이 보기에는 인디언이 신기하기보다는 기절초풍할 인간들이었다. 입과 코로 허연 연기를 풍풍 내뿜고 있지 않는가! 모두 배속에서 불이 타고 있는 것 같았다. 하지만 죽지 않고 멀쩡했다. 놀라웠다. 이것이 세상에 처음 알려진 흡연 장면이다.

아메리카에서 건너온 담배는 스페인에서 유럽 전 지역으로 삽시간에 퍼져 나갔다. 영국 재상 월터 롤리는 그 신기의 영약인 담배 맛을 일찍부터 알았다. 그가 담배를 피우면서 연기를 시원하게 내뿜는 걸 처음 본 하인은 너무나 놀랐다.

"아, 주인어른 뱃속이 불타고 있구나!"

하인은 불을 끄기 위해 얼른 물을 퍼다 주인에게 뒤집어 씌웠다.

'호랑이 담배 피우던 시절'이라는 우리네 속담이 있다. 아주 오래되었다는 뜻으로 쓰이지만 잘못된 것이다. 우리나라에 담배가 들어온 건 300년도 되지 않기 때문이다. 아득한 옛날 백두산 호랑이가 없는 담배를 만들어 피울 수야 없지 않은가?

우리나라에 담배가 처음 들어왔을 때 지체 높은 양반들만 피웠다. 어느 사이 흡연은 곧 권위였고 권위의 상징은 담뱃대였다. 양반들은 권위가 더 있어 보이게 무척 긴 장죽(長竹)을 썼다. 장죽은 황제들이 손에 쥐던 홀이나 다름없었고 가문의 영광이었다. 아랫것들의 담뱃대는 곰방대다. 들고 다니는 것이 아니라 옆구리에 지르고 다녔다. 양반들 앞에서 불경스럽게 담뱃대를 보여서는 안 되었기 때문이다.

담뱃대는 권위의 상징이었기 때문에 윗사람이 아랫사람을 훈계할 때는 담뱃대로 화로를 두들겼고 때로는 담뱃대가 매가 되었다. 그러니 젊은이가 어른 앞에서 담배를 피우는 것은 신성한 권위에 대한 도전이나 다름없었다. 죽을 짓이었다. 얼마 전까지만 해도 젊은이가 어른 앞에서는 함부로 담배를 비우지 못했다.

한때 콩나물시루 같은 버스 안에서도 담배를 피웠다. 흡연자들의 위세가 그렇게 대단했다. 고속버스나 기차 좌석에는 재떨이가 붙어 있었다. 옆자리 사람이야 얼굴을 찌푸리든 말든 시원하게 연기를 확확 품어냈다. 흡연자들한테도 그런 좋은 시절이 있었다. 그런데 갑자기 금연열풍이 세계적으로 불기 시작했다. 대세가 되었다. 그 바람에 흡연자들은 맥을 못 추고 있다. 가장이 자기 집 방 안에서 담배를 피우기라도 하면 권위는커녕 야만인 취급을 받는다. 하자만 조사 결과 가정에서 흡연의 마지막 보루를 눈물겹게 지키려는 간 큰 남자들이 아직도 42%라고 한다! 그들에게 축복이 있으라!

야랑자대

여행자들이 중국 공항이나 항구에 내리면 반드시 '변경(邊境)' 검사소라고 쓴 대문짝만 한 간판을 보게 된다. 그렇게 많은 여행객들이 그곳을 드나들어도 주의해서 본 사람은 거의 없을 것이다. 그곳은 출입국 수속을 하는 출입국사무소다. 그런데 어째서 변경(邊境)일까?

예로부터 중국에겐 하늘아래에 나라는 중국뿐이다. 나머지는 모두 변경에 살고 있는 오랑캐들이다. 이 세상 어디를 둘러봐도 중국 아닌 데가 없는데 어떻게 중국에 '입국'한단 말인가. 중국 안에서 왔다 갔다 하는 것일 뿐이다. 참으로 야랑자대(夜郎自大)다.

한나라 무제 때 월남 북쪽 어디에 야랑이라는 눈곱만 한 나라가 있었는데 야랑의 왕은 자신의 나라가 제일 큰 나라라고 생각했다. 어느 날 왕이 부하에게 물었다.

"이 세상에서 제일 큰 나라는 어디인가?"

"야랑이 제일 큽니다."

왕은 높은 산을 가리키며 물었다.

"천하에 이보다 높은 산이 있느냐?"

"없습니다."

강가에 이르러 왕이 다시 물었다.

"이 강이 세상에서 가장 긴 강인가?"

"그렇습니다."

한나라 무제의 사신이 인도로 가다 야랑을 통과하게 되었다. 야랑의 왕은 사신에게 물었다.

"한과 야랑 중 어느 나라가 큰가?"

"한나라는 수십 군을 가지고 있는데 야랑은 그 한 군만도 못합니다."

한나라 사신의 말에 야랑 왕은 입을 다물지 못했다.

이 고사로부터 '야랑자대'는 자기 역량을 모르고 위세를 부린다는 말로 쓰이고 있다.

중국은 고구려가 '변경 오랑캐 부족'이었으니 고구려를 마땅히 중국 역사 속에 넣어야 한다고 아우성이다. 고구려가 정말 '변방 오랑캐 부족'이었을까? 1,500여 년 전 고구려와 싸웠던 중국의 수나라와 당나라는 그렇게 생각지 않았다. 긴 역사를 통해 중국을 위협해오던 북방의 흉노 등의 국가들처럼 고구려는 동북의 넓은 지역을 지배하고 있던 당당한 '독립국가'였다.

수 문제는 통일전쟁 뒤 '다른 나라'를 약탈하고 싶었다. 약탈 대상으로 점찍은 '다른 나라'가 바로 고구려였다. 하지만 중국 북주의 역사서인 《주서(周書)》의 고구려전을 보면 그때 고구려의 성들은 무기와 식량을 가득히 비축해두고 있었다. 난공불락이었다. 당연히 고구려를 이길 수 없었다. 아들 양제도 3차 원정에서 패했고 돌아오는 길에 천자로서는 참으로 어이없는 꼴까지 당했다. 강도들을 만나 애마 44필을 빼앗긴 것이었다. 그 후 당나라가 고구려를 치려고 했다. 한족의 원한 서린 복수전이었다. 처음에 당 태종은 '다른 나라'의 내분을 틈타 침공해선 안 되지. 더구나 상대가 수나라도 당했던 고구려가 아닌가'라며 전쟁을 주저했다. 고구려는 이렇게 '강력한 다른 나라'였다.

고구려 원정 때문에 수나라는 망했다. 당 태종은 원정에서 화살에 맞은 상처가 도져 죽었다고 한다.

지금 중국이 고구려 역사를 편입하려는 것은 중화의 자존심을 되찾기 위한 노력인 것으로 보인다. 중국의 5,000년 외정(外征)에서 무참하게 깨진 것은 고구려 원정이 처음이었고 마지막이었다. 이 패배가 중국인의 가슴 속에 늘 한과 치욕으로 남아 그동안 견딜 수가 없었다. 하지만 자신들의 역사에도 보란 듯 기록되어 있고 옛일이니 지금 어찌 해볼 도리도 없다. 그래서 고구려를 '변방 오랑캐 부족'으로 아예 중국 역사 속에 집어넣고 치욕과 원한을 단번에 풀려는 것이다. 이렇게 되면 고구려와의 싸움은 국내에서 벌어진 내전이 되니 국가적 치욕은 있을 수 없지 않겠는가.

어떻게 이런 놈들하고…

기원전 494년 일이었다. 월나라 구천(句踐)의 군대는 회계란 곳에서 오나라 왕 부차(夫差) 군에 포위당해 완전히 박살이 났다. 겨우 살아난 구천은 어떻게든 복수를 해야 했다. 결의를 다지기 위해 구천은 쓸개를 곁에 걸어 두고는 식사 때마다 핥았다. 하지만 성에 차지 않았다. 복수심을 더 굳혀야 했다. 그래서 부하로 하여금 '너는 회계의 수치를 벌써 잊어버렸느냐?'고 세 번을 외치게 했다. 그때마다 구천은 '어찌 그것을 잊겠습니까'라고 대답했다. 《십팔사략》에 나오는 이야기다.

4년 뒤 서양에서도 똑같은 일이 벌어졌다. 왕 중 왕이라던 다리우스 대왕의 페르시아 군대가 마라톤 평야에서 아테네군에게 어이없게도 싹쓸이를 당했다. 대왕이 화병으로 죽고 난 뒤 아들 크세르크세스가 왕위에 올랐다. 그때가 기원전 486년. 아버지를 위해 복수를 해야 했다. 그도 식사 때마다 ‘오르즈무드 신이여! 아테네 놈들한테 복수할 기회를 내려주십시오’라고 다짐을 했다. 아무래도 다짐이 부족한 듯하자 그도 시종을 불러 ‘폐하여, 아테네 놈들을 잊지 마소서!’라고 세 번 외치게 하고는 ‘어찌 내가 그놈들을 잊겠느냐?’고 세 번 대답을 했다. 그렇게 굳게 복수심을 다지고는 대군을 몰아 아테네 쪽으로 쳐올라갔다.

그런데 복수심으로 이를 박박 갈던 원수 아테네 군대는 알고 보니 형편없는 ‘놈들’이었다. 마침 아테네의 아르카디아인들이 식량을 구하기 우해 페르시아 군대로 넘어왔다. 그들을 심문하자 그리스인들은 올림피아 축제를 즐기느라 정신이 없다고 전해주었다. 밖 세상이 어떻게 돌아가는지 모르고 있다고 했다. 크세르크세스는 기가 찼다. 나라가 풍전등화인데 경기를 즐기다니! 그는 직접 심문에 나섰다.

“그래, 그 경기에서 일등 하면 상품이 무엇이냐?”

“예, 올리브 가지로 엮은 관입니다.”

"돈은 얼마나 주나?"

"그냥 올리브 관뿐입니다."

"뭐? 그것뿐이라고?"

크세르크세스는 하늘이 내려앉도록 한숨을 크게 내쉬었다.

"아아, 오르즈무드 신이여, 어찌하여 우리로 하여금 이런 멍텅구리 바보 같은 인간들과 싸움을 하게 했습니까? 세상에 금품이 아닌 올리브 가지 따위를 상이라고 걸고 경기를 벌이고 있는 이런 놈들과!"

그리스는 여러 도시국가들로 이루어져 있었다. 하루도 티격태격하지 않을 때가 없었다. 그 무렵 중국의 춘추전국시대와 똑같았다. 그들은 잠시라도 숨통을 틔우고 싶었다. 그래서 모든 도시에서 섬기던 제우스를 함께 위한다는 뜻에서 4년마다 모두 모여 경기를 열었다. 이른바 단합대회였다. 기원전 776년이었다. 그 기간 동안 일체 전쟁을 하지 않도록 합의했다. 스폰서가 없으니 상금을 줄 수 없었고 올리브 가지를 듬성듬성 엮어 만든 관을 우승자 머리 위에 씌워주었다. 그게 돈을 주고도 살 수 없는 커다란 명예가 되었다. 무엇과도 바꿀 수 없는 가문의 영광이기도 했다.

한번 살아볼 만한 동네

기독교인들은 인류 최고의 심판관이 하느님이라 알고 있다. 잘못 알고 있다. 하느님은 심판을 하지 않는다. 하느님이 '자기가 임명하신 사람으로 하여금 사람이 거주하는 땅을 의로 심판하실 날을 정하시고'(사도행전17; 31)라고 한 것을 보면 그렇다. 그 심판을 위임받은 사람이 바로 예수다.

염라대왕도 사람을 직접 심판을 하지 않는다. 그런 시시한 일들은 귀찮다며 차사들에게 맡겼다. 그렇다면 염라대왕은 그 쇠털같이 많은 시간을 어떻게 보내는가? 저 아래 땅 덩어리 지구를 내려다보면서 소일을 한다. 여러 곳을 내려다보는 것도 아니다. 딱 한곳만 본다. 너무 재밌어 밤인지 낮인지 시간이 가는 줄도 모른다. 내려다보느라 고개가 아프거나 지루할 때야 비로소 차사들이 땅에서 잡아온 사람들을 심판한다. 물론 심심풀이다.

어느 날 차사 하나가 땅에서 사람 셋을 굴비 엮듯 잡아와서는 염라대왕 코앞으로 끌고왔다. 염라대왕은 그날따라 딱히 할 일도 없고 해서 직접 심문하게 되었다.

"너는 생김이 허여멀건데 도대체 저 아래 어느 동네에서 올라왔는가?"

"예, 독일이라는 나라에서 올라왔습니다."

"뭐라고, 하이고 하필이면 독일이라고? 네 이놈, 재미라고는 없는 동네에서 한평생 살다가 왔구나. 쥐 죽은 듯 고요한 절간이나 수도원 같은 데서 무슨 사는 재미가 있었겠느냐. 사람들이 사는 곳은 언제나 시끌벅적해야 살맛이 나는 법이다.

그다음, 너는 얼굴이 가무잡잡한데 어느 동네에서 올라왔나?"

"이라크라는 나라에서 올라왔습니다."

"허, 독일보다는 살 만한 나라지. 총소리도 나고 말이야. 들으니 데모도 많이 한다더군. 그런데 너희 나라에서는 자살폭탄

테러 같은 것으로 하루에도 몇 십 명씩이나 서로 죽이고 있더
구나. 그렇게 몇 년 지나면 미국 놈들이 손보지 않더라도 너희
나라에는 사람의 씨가 저절로 마르겠더라. 어쨌거나 너희 나라
는 살 만하더구나."

깡소주를 물 마시듯 하다가 간경화증에 걸린 사람이 끌려
나왔다.

"너는 얼굴색이 누리끼리한데 저 아래 어느 동네에서 올라
온 놈이냐?"

"예, 소인은 코리아라는 데서 왔습니다."

"뭐, 코리아라고? 반갑다, 반가워. 언젠가 그곳 사람을 한번
만나보고 싶었다. 잘 왔다. 나는 이 위에서 너희 나라를 내려다
보는 재미로 살고 있다. 가관이더라. 연기가 자욱한 거리에서
수십 만의 젊은이들이 쇠파이프와 화염병을 들고 두들겨 부수
고 불을 지르고 경찰이 쏜 최루탄들이 공중을 날고 얼마나 활기
찬 거리냐. 외국 사람들도 그런 거리를 보고 '한국은 활기 찬 나
라'라고 감탄한다지. 그 시끄러운 가운데서도 대선이라는 것을
치렀는데 그것도 볼 만하더라. 그런데 그 선거에서 네거티브란
것이 판을 치던데 그것이 도대체 무엇인고? 어쨌거나 너희 나

라에는 바람 잘 날이 없더구나. 다른 나라 같았으면 백번은 더 망했을 것이다. 그런데도 어찌 된 건지 너희 나라는 망하기는커녕 세월이 갈수록 더 잘 먹고 더 잘 살고 있다. 참으로 알다가도 모를 일이다. 너희 단군 할아버지의 음덕인지도 모르겠다. 그러니 너희 나라는 한번 살아볼 만한 동네 아니겠느냐."

내 마음 나도 몰라

모른다는 그 마음이 내 몸 속 어디에 있을까? 심장 속, 배꼽 밑 아니면 머릿속에 있다고들 한다. 사람마다 다 다르다. 마음의 주소가 이렇게 아리송한데 그것이 정작 있기는 한 걸까? 불교와 기독교는 그 마음속에 온갖 쓰레기들이 들어 있다며 '그 마음을 먼저 비우라. 그래야 부처님이나 하느님이 그 빈 곳에 들어갈 수 있다'고 가르친다. 수행이나 기도가 대단한 것 같지만 청소행위다.

성인들은 깨끗이 하라고만 했지 그 마음이 정작 어디에 있으며 무엇인지는 말하지 않았다. 그렇다면 마음이란 무엇인가? 군중이란 말과 같다. 군중이란 원래 없다. 허상이다. 있는 듯하다가는 곧 없어진다. 무슨 말인가? 사람 하나둘이 모여서 군중이 된다. 모였던 사람들이 하나둘 헤쳐 없어지면 군중은 없어지고 만다. 마음도 그와 같다. 생각과 생각이 모여 마음이 된다. 그 생각들이 없어지면 마음은 군중처럼 자취도 없이 사라지고 만다. 마음이란 '생각의 다발'인 것이다.

생각은 참으로 묘하다. 한자리에 진득하게 있는 법이 없다. 여자는 밥상을 들고 문지방을 넘으면서 열두 가지 생각을 한다는 속담이 있지도 않는가. 그리고 시간과 공간을 넘나든다. 몸은 친구들과 어울려 술을 마시고 있더라도 생각은 어느 사이 달나라 월계수 아래서 아름다운 항아(嫦娥)를 무릎에 앉혀놓고 술잔을 기울인다. 눈 깜짝할 사이에 시공간을 훌쩍 건너뛰는 것이다.

또 생각은 청개구리 같아 하지 말라는 생각은 죽어도 한다. 라즈니쉬의 《법구경》에 나오는 이야기다.

어느 날 제자가 기적비법을 배우고 싶다고 스승에게 털어놓았다.

"하, 그거야 쉽고 말고."

스승은 주문을 하나 적어주면서 목욕재계한 뒤 외우라고 했

다. 그리고 묘한 당부를 했다. 주문을 외우면서 '절대로 원숭이 생각은 하지 말 것!'

"그렇게만 하면 기적이 일어날 것이다."

"원숭이라니요? 저는 한평생 원숭이를 생각해본 적이 없습니다."

"그렇다니 다행이구나. 어서 집으로 돌아가거라."

그런데 이게 웬일인가? 제자의 머릿속에 하지 말라던 원숭이 생각들이 들기 시작했다. 종류도 가지가지였다. 머리를 흔들어도 소용없었다. 온통 원숭이 생각뿐이었다. 아직 주문을 외우기도 전이었다. 집에 가서 목욕을 하고 방문을 걸어 잠그자 온 방 안에 원숭이들이 가득 찼다. 앉아서 조용하게 주문을 외우기는커녕 앉을 자리도 없었다. 눈을 떠도, 감아도 보이는 것은 원숭이들뿐이었다. 목욕을 몇 번 더 했지만 결과는 마찬가지였다. 제자는 원숭이 생각에 진절머리가 나서 기적이고 뭐고 다 싫었다. 바라는 것은 당장 원숭이 생각이 나지 않는 것이었다.

생각이란 이런 것! 그래서 내 마음 나도 모른다!

늙어 서러워라

전철 같은 데서 늙은이와 젊은이가 나란히 앉아 있는 걸 보면 늙음과 젊음이 뚜렷하게 보인다. 얼굴빛에서 차이가 난다. 흙 빛과 사과 빛. 흙 빛은 더러운데 사과 빛은 아름답다. 흙 빛도 본래는 사과 빛이었는데 누가 그렇게 만들어놓았는가? 세월이다.

한 무제는 사랑하던 이 부인의 임종에 찾아가서 마지막으로 한 번 더 얼굴을 보고 싶었다.

"아니 되옵니다. 부인은 화장하지 않은 얼굴로 군부 앞에 나타나는 법이 아니옵니다."

이 부인은 이불을 뒤집어쓴 채 끝내 얼굴을 보이지 않았다.

여자들에게 있어 늙고 추한 얼굴은 죽음보다 더 무서운 것이다. 이 부인은 젊었을 때 뛰어난 미인이었다.

'북쪽 어느 곳에 가인이 있는데 절세미인이라 홀로 섰다네. 한 번 되돌아보면 성이 기울고 두 번 되돌아보면 나라 기우네.'

뛰어난 미인을 뜻하는 '경국지색(傾國之色)'이란 말이 생겨난 것은 이 부인의 아름다움을 그린 이 시 때문이었다. 무제는 끝내 사랑하는 사람의 얼굴을 보지 못한 채 발길을 돌렸다.

그렇다면 무제는 자신의 늙음에 대해 어떻게 생각했을까? 그가 지은 〈추풍사(秋風辭)〉라는 유명한 시가 가슴 아프게 한다.

'가을바람 불어 흰 구름 날고. 잎은 누렇게 떨어지고 기러기는 남으로 가네. 기쁨이 많으면 애정은 많아지고. 젊음 그 언제이던가? 이 늙음 어이 할꼬!'

무제와는 달리 청나라 순치제는 활달했다. 야성의 제왕이었다. 그도 역시 세월을 속일 수 없었다. 하지만 무제처럼 앉아서 늙음을 한탄하는 시나 짓지 않았다. 늙음과 죽음에 맞서려 들었다. 〈만 리의 이 강산은 한 판의 노름 바둑〉이란 호쾌한 시 한 수를 남겨놓고는 깊은 산사에 들어가 중이 되어 늙음과 죽음을 극복하려 들었다. 얼마나 멋진가!

옛 사람이야기만 할 것이 아니라 요즘 사람 이야기도 해보자. 파리 샹젤리제에 있는 클럽 '크레이지 호스'의 주인 베르나르댕은 젊을 때 자신의 쇼걸들과 원도 한도 없이 사랑을 했다. 멋쟁이 베르나르댕은 나이가 들수록 멋스럽던 얼굴이 늙고 추해지는 게 견딜 수 없었고 화려한 지난날들을 돌이켜보는 일이 많아졌다. 하지만 일장춘몽. 그는 '그렇다면'이라며 권총으로 자살하고 말았다. 석가모니는 사람들이 젊어서는 늙지 않을 것으로, 늙어서는 죽지를 않을 것으로 자신을 속이고 있다고 말했다. 늙은이와 젊은이는 결국 같은 곳으로 갈 것! 삶을 다시 한 번 깊이 생각해보자.

남편들의 필독서

여성들 특히 아내들에 대한 학대와 차별은 참으로 오래되었다. 아예 법으로 정해둔 곳도 있었다. 요즘 법률용어로 명문규정(名文規定)이라는 것이다.

헤르베르 벤트의 《바벨에서 시작했다》에 따르면 인류 문명은 수메르에서 시작되었다고 한다. 우리 단군 할아버지가 백두산에서 고조선을 세운 것보다 한참 더 오래되었다. 우리는 가장 오래된 법전을 '함무라비 법전'이라 알고 있지만 그보다 500년 앞서 수메르인들은 우르나무 법전을 만들었다. 짐작하기 어렵겠지만 단군 할아버지가 흰 수염을 휘날리면서 아사달에 고조선이라는 나라를 세운 기원전 2333년쯤으로 알면 되겠다.

이 까마득히 오래된 법전 제16조에는 이혼규정이 있다. 아니, 살해규정이었다. '만약 아내가 남편과 살기 싫다고 말하면 당장 강물에 던져 넣어 죽여라.' 같은 법 제19조는 딴판이었다. '남편이 아내와 살기 싫으면 은 25그램을 주고 집에서 내보내라.' 그뿐이었다. 여자에 대한 학대사상은 수많은 세월이 흐른 후에도 지워지거나 희미해지지 않고 흘러 아리스토텔레스의 머릿속에까지 박혔다. 그는 여자를 '노예쯤으로 여기면 되겠지'라고 했다.

아내에 대한 체형은 국가가 간섭하지 않고 가문 단위로 각자가 알아서 했던 것 같다. 다음은 독일의 역사소설가 에드바드 루더푸르트의 《루사카》에 나오는 이야기다.

16세기까지 러시아에서는 행세하던 가문마다 우리네 족보처럼 조상 대대로 내려오던 귀중한 책이 한 권이 있었다. '도모스트로이'라 불리던 책으로 아내를 매질하는 방법을 상세히 기록해둔 남편들의 필독서였다. 할아버지가 할머니를, 아버지가 어머니를 매질할 때 쓰던 귀한 책이었다. 때리는 솜씨가 서투르면 이 책을 한 장 한 장 넘겨가면서 참고했다. 머리 좋은 후손들은 새로운 테크닉을 개발해 덧붙였다. 전통이 오래된 가문의 아내 구타 지침서가 더 두꺼운 것은 말할 것도 없다.

질버만이라는 사람이 쓴 《아마존 원시인들의 풍습》을 보면 아마존에도 아내를 두들기는 부족이 있었다. 그들도 조상 대대로 아내를 두들기는 방법이 전해 내려왔지만 러시아와는 달리 그들한테는 글이 없었다. 그들은 입으로 그 방법을 전했는데 아내가 무슨 잘못을 했을 때는 엉덩이나 등에 회초리 몇 대를 때려야 한다는 등 상세한 규정이 있었다. 위반할 때는 추장한테 혹독한 처벌을 받게 되어 있었다. 하지만 그 복잡한 규정을 다 기억할 수는 없는 노릇이었다. 글이 없었으니 적어둘 수도 없었다. 그래서 그들은 나무 등걸이나 돌판에 여자 몸을 그려놓고는 엉덩이, 등, 뺨 등 때려야 할 부분에 회초리 수를 표시해두었다. 아내를 때리다가 회초리 수를 미처 기억하지 못하면 바로 그것을 참고했다.

님이라 부른다

'님이라 부르리까, 당신이라 부르리까?'

흘러간 유행가의 첫 구절이다. 정인인 그대를 뭐라고 부를 지를 몰라 망설인다는 게다. 요컨대 호칭문제다. 평범한 사람들한테야 욕만 하지 않으면 뭐라 부르든 문제가 되지 않는다. 권력자나 고관대작쯤이 되면 호칭문제가 간단치가 않다. 심각하다.

자, 사극에서 자주 듣는 짐(朕)이란 말의 내력부터 한번 더듬어보자. 옛날 중국 보통사람들은 자신을 짐이라 불렀는데 진시황은 그 말이 마음에 들었는지 자기 혼자만 쓰고 싶었다. 역시 그는 전제군주였다.

"앞으로 짐이라는 말은 나 혼자만 쓴다. 앞으로 이 말을 쓰는 자는 목이 달아날 줄 알라!"

그때부터 '짐'이란 말이 황제나 임금 전용의 1인칭 대명사가 되었다. 과인(寡人)이란 말도 황제나 임금의 전용어다. 아무리 만승천자(萬乘天子)일지라도 인간인 이상 겸손한 구석이 있어야 했다. 그래서 과인이라는 말이 생겨났다. '덕이 좀 모자라는 사람'이라는 뜻으로 임금의 자기 낮춤말이다.

황제와 임금은 자신을 짐이니 과인이라 불렀지만 신하들과 백성들은 그를 뭐라고 불러야 했을까? 우리들 귀에 익은 말로 폐하(陛下)라든가 '만세(萬歲)'라 불렀다.

폐하라는 말부터 살펴보자. 황제에게 아뢸 때 신하는 직접 황제의 얼굴을 올려다보고 말할 수 없었다. 무엄한 짓이었다. 그래서 폐하, 즉 계단 아래에는 신하의 말을 황제에게 전하는 사람이 있었다. 신하가 황제에게 무엇을 상주할 때 먼저 '폐하'를 불렀다. 그랬던 것이 세월이 흐름에 따라 계단 아래에서 신하의 말을 황제에게 전하던 사람은 없어지고 폐하란 말이 황제를 부르는 호칭이 되었다.

《사물기원(事物紀原)》이란 책을 보면 '만세'의 유래가 잘 나와 있다. 폐하란 호칭은 뭔가 엄숙하고 사무적이어서 딱딱한 느낌을 주지만 만세는 너무나 인간적이어서 따뜻하다. 전국시대 이야기다. 난상여가 진나라 왕에게 항복의 뜻으로 벽이라는 구슬을 받칠 때 만백성이 진나라 왕에게 축하의 뜻으로 만세를 불렀다. 그 후 황제에게 좋은 일이 있거나 황제의 은혜에 대해 감사할 일이 있을 때 만세라 불렀다. 그게 어느 사이 황제를 부르는 말이 되었다. 오늘날 기념식이나 좋은 일이 있을 때 목이 터져라고 부르는 만세소리도 여기서 나왔다.

조선에는 감(監)이라는 항렬의 높은 벼슬이 있었다. '영감쟁이'라 할 때 그 영감(令監)도 높은 벼슬이었다. 감의 꼭대기는 상감(上監), 즉 임금이다.

한편 그와 유사하게 각하(閣下)란 말이 있는데 이 말은 일본에서 흘러 들어왔다. 자신보다 높은 벼슬의 사람을 부를 때 쓰던 말이다. 우리나라에서는 해방 뒤 대통령한테만 쓰게 되었다. 지극히 전제군주제 냄새가 나는 말이 되었다. 김대중 대통령은 각하라는 말을 쓰지 말라고 했다.

"각하가 뭐란가. 독재시대 쓰던 말이여. 지금은 민주주의 시대니 후딱 없애버리랑께."

그 후 대통령을 '대통령님'이라 부르게 되었다. 김대중 대통령은 '민주주의 회복' 공로만으로도 다시 노벨상을 받을 수 있지 않겠는가!

돈 봉투 고사

서양철학의 고향은 그리스다. 우리 귀에 익은 소크라테스, 아리스토텔레스, 플라톤 등등 쟁쟁한 철학자들이 줄줄이 그리스 출신이기 때문이다. 그런데 철학의 고향이라는 그리스에서는 '철학자'를 어떻게 받아들였을까?

우리는 철학자 하면 굉장한 지식인, 혹은 '지식을 사랑하는 사람'으로 받아들이지만 그리스인들에겐 '거지'였다. 예컨대 '저 사람은 철학자다'라고 하면 '저 사람은 거지다'라는 말이 되었다. 그리스 철학자들은 공부를 하느라고 돈을 벌지 못했는지 모두 가난했다. 그들한테도 딸린 처자식이 있었으니 먹여 살려야 했고 그렇게 해서 시작된 것이 '거리의 악사'가 아니라

'거리의 교사' 짓이었다. 그들은 시장바닥 등 사람이 많이 모이는 곳에서 돈 그릇을 앞에 놓고는 자신의 학문을 소리 높여 외쳤다. 그 소리를 듣고 그럴듯하다고 여기거나 공감하는 사람들은 그릇 속에 몇 푼 던져 넣었다. 딱 거지꼴이었다.

별도로 돈을 주고 '학문'을 사려는 사람도 있었다. 동 봉투 거래다. 철학자들은 그들을 자신의 제자로 받아들였다. 철학자들은 비록 거지신세였지만 그들의 제자가 된다는 것은 큰 명예였다. '철학의 아버지'라 할 소크라테스는 그런 짓을 하지 않았다. 공짜였다. 그래서 플라톤은 운 좋게도 공짜로 그의 제자가 되어 후세에 명예를 누리게 되었다. 소크라테스는 마누라한테 매를 맞기 싫어 집을 나오긴 했지만 다른 철학자들과는 처지가 달리 처자식 걱정을 안 해도 되었다. 건물을 세놓는 임대업을 했기 때문이다. 지식을 가르치고 배우는 데도 역시 돈이 문제였다. 돈이 '만물의 왕자'다.

4,000년 전 바빌로니아 서기학교 학생의 일기를 한번 보도록 하자. 꼬마 학생의 일기 속에 돈 봉투 이야기가 있어 놀랍다. 그때도 돈 봉투의 효험은 놀라웠다.

"선생님이 교실에 들어오셔서 잡담을 한다고 내 머리를 회초리로 때렸다. 다른 선생님도 한눈을 팔고 있다며 내 뺨을 갈겼다. 수위 아저씨마저 내가 마음대로 이곳저곳을 돌아다닌다며 발길질을 했다. 마지막 시간에 교장선생님이 교실에 들어오셨다. 글씨 연습시간이었다. 교장선생님은 내 글씨가 엉망이라며 머리에 꿀밤을 몇 대 주었다. 나는 학교도 공부도 다 싫다. 아버지는 고개를 숙인 채 집으로 돌아오는 나에게 까닭을 물었다. 아버지는 내 설명을 듣고는 무거운 표정을 지으신 뒤 바로 그날 저녁식사에 교장선생님을 초대하셨다. 그리고 두툼한 돈 봉투를 옆구리에 찔러주셨다. 곧 교장선생님의 표정이 확 달라지셨다. 낮에 꿀밤을 주었던 내 머리를 다정하게 쓰다듬으시면서 '너는 글씨를 잘 쓰더군. 너는 곧 훌륭한 사람이 될 거야'라고 나를 칭찬해주셨다. 아버지는 기뻐 입이 함박만큼 크게 벌어지셨다."

돈 밝히던 두 군주

영리하고 똑똑한 사람보다는 미련하고 우둔한 사람이 돈을
더 밝힌다. 생각 같아선 그 반대일 것 같은데 알다가도 모를 일
이다. 한 나라를 다스리는 군주가 우둔하고 돈을 밝히면 예삿일
이 아니다. 망조(亡兆)다.

"음, 만금당(萬金堂)에 아직도 돈이 덜 찼다지. 못난 놈들 그
동안 국록을 받아먹으면서 일을 어떻게 한 거야."

한나라 영제(靈帝)는 환관들을 향해 펄펄 뛰었다. 184년 영
제는 황위에 오르자 유흥 비자금이 필요했다. 자금 마련 방법
은 손쉬운 관직매매였다. 못난 군주의 통상적인 자금 마련법이
다. 그때는 황건적의 난으로 온 나라가 쑥대밭이 되어가던 무

렵이었다. 영제는 뇌물을 모으기에 앞서 쌓아둘 만금당을 미리 덩그렇게 지어두었다. 준비성이 있었다. 그다음 환관들을 매관 매직하는 세일즈맨으로 활용했다. 관직매매센터도 열었다. 그 런데도 무능한 환관들 때문에 개업 3년이 지났는데도 만금당 이 제대로 차지 않았다.

화가 난 영제는 관직판매 부진의 원인을 검토한 결과 시중자 금이 부족하고 판매 시스템에 문제가 있음을 알았다. 곧 과감한 개혁작업에 들어갔다. 개혁 제1안은 외상판매제 도입. 외상의 경 우 위험부담을 고려해 관직 값을 두 배로 올렸다. 개혁 제2안은 관직임기 단축. 관직임기 3년을 반으로 줄여 판매자금 회전을 빨리했다. 뼈를 깎는 개혁조치를 단행한 결과 역시 빛나는 실적 이 나타났다. 만금당이 이름 그대로 '만금(萬金)'으로 가득 찼다.

당시 조조의 의(義)아버지 조숭은 영제의 환관이었다. 그는 관직판매 할당량을 채우지 못하자 처벌이 두려워 자기가 관직 을 샀다. 판매실적을 올리려고 1억 만금을 주고 산 벼슬이 태 위(太尉), 즉 국방장관자리다. 아래위로 모두가 그렇게 해먹었 다. 증선지(曾先之)는 《십팔사략》에서 이 사실을 전하면서 영제 시대를 동취(同臭)시대라 불렀다. 온 나라에 돈 냄새뿐이라는 말이다.

이번에는 황현의 《매천야록》에 나오는 우리 이야기다. 고종은 영제와는 달리 관직 정가표를 만들어 관직을 잘 팔았던 성공한 케이스다. 고종은 그렇게 번 돈을 보관할 장소가 없어 고민이었다. 그 점에서는 영제보다 준비성이 부족했다. 외세 간섭 등 국가존망 문제보다 그 문제가 더 급했다. 더구나 외국 군대가 궁궐에도 쳐들어오니 고종을 나무랄 수는 없었다.

고종은 한때 피란을 했던 러시아공사관이 아무래도 안전한 듯싶어 그곳에 지폐 수십 포대를 옮겨놓았다. 그런데 고양이한테 생선가게를 맡긴 꼴이 되고 말았다. 러시아 공사가 전임하면서 돈 자루를 몽땅 들고 가버린 것이었다. 닭 쫓던 개 지붕 쳐다보는 꼴이 된 고종은 '정도를 모르는 놈'이라며 이를 갈았다. 고종의 비행을 잘 알던 청국 공사가 어느 날 궁정으로 고종을 찾아왔다.

"중국은 벼슬을 팔아먹은 지 10년 만에 나라가 망했는데 귀국은 30년을 그 짓을 하고도 임금의 자라가 거뜬하니 운수대통하신 것 같소이다."

고종은 조롱하는 말인 줄도 모르고 빙글빙글 웃기만 했다.

통큰 사기꾼

사기꾼 이야기를 해보자. 예사 사기꾼이 아니라 통 큰 사기꾼 이야기다. 사기꾼이 많은 요즘 세상에 이야깃거리가 되려면 통이 커야 하지 않겠는가. 사기란 언제나 인간의 약점을 교묘하게 뚫고 들어간다. 헛욕심이 약점이다.

서복은 진시황이 장생불사를 바라고 있다는 사실을 알았다. 옳거니! 한탕거리가 생겼다. 그는 어느 날 진시황 앞에 납작 엎드렸다.

"폐하, 신은 장사를 하느라고 바다 가운데를 자주 드나들고 있습니다."

"그래서?"

"바다 가운데 삼신산에는 신선들이 살고 있는데 그 신선들이 죽지 않고 오래 사는 선약을 만들고 있다는 말을 들었습니다. 신은 그들을 만나 약을 좀 구하려 들었으나 그때마다 배도 그렇고 파도가 심해 섬에 올라갈 수가 없었습니다."

진시황의 눈이 번쩍 뜨였다.

"하, 그런 일이! 그렇다면 뒷걱정일랑 말고 그 신선들을 만나 장생불사약을 구하라."

서복은 진시황한테서 원도 한도 없이 엄청 뜯어냈다. 그것도 장장 10년 동안이나 그랬다. 없는 장생불사약을 구할 수 없으니 이 핑계, 저 핑계를 대며 10년이나 끌었던 것이다. 천재적인 사기꾼 서복은 다른 사람의 눈도 있고 해서 배들을 끌고는 먼 바다를 한 바퀴 휙 돌았을 뿐이었다. 진시황은 나이가 들수록 독촉이 심했다. 진시황이 어떤 사람인가. 까딱하다간 서복 자신의 목만 달아나는 게 아니라 삼족이 몰살당할 수 있었다. 하지만 간단하게 목을 내놓을 서복이 아니었다. 마지막 한탕으로 달아날 자금을 마련하려 했다.

진시황이 셴양에서 불사약을 독촉하러 서복이 있는 산둥으로 찾아왔다.

“지난 10년 동안 바다로 나갔으나 매번 거센 파도와 괴물들 때문에 실패하여 폐하 앞에 면목이 없습니다. 이번에는 동남동녀 3,000명과 오곡종자를 갖고 가서 동남동녀는 괴물에게 바치고 오곡종자는 신선들에게 주어야 하겠습니다. 마련해주시기 바랍니다. 마지막입니다.”

진시황은 그동안 자금도 줘왔고 해서 서복의 마지막 부탁을 다 들어주었다. 서복은 웃으면서 ‘잘 있거라, 진시황이여! 이 세상 어디에 그런 약이 있겠느냐? 어리석도다!’라며 선단을 이끌고는 바다로 나갔다.

서복은 그 선단을 이끌고는 제주도로 왔다. 제주도에는 서복이 왔던 흔적이 그대로 남아 있다. 서귀포(西歸浦)라는 이름은 ‘서쪽으로 돌아간다’는 뜻이다. 그 곁 정방폭포 암벽에는 ‘서시과차(徐市過此)’, 즉 서시(서복)가 이곳을 지났다는 글이 적혀 있다. 북제주군 관내에 ‘조천면(朝天面)’이 있는데 서복 선단이 상륙하여 하늘에 제사를 지냈다는 뜻이다. 서복 일행은 그대로 일본을 향해 갔다. 오늘날 일본에는 서복의 유적이 많이 남아 있는 것으로 알려진다. 지나간 자리인 제주도에도 그런데 하물며 자리를 잡은 일본 땅에야 말할 것도 없으리라.

서복한테 사기를 당한 것을 뒤늦게야 안 진시황은 수도 셴양으로 돌아가는 도중에 그렇게 기다렸던 불사약 한 첩도 못 먹고 병에 걸려 덜컥 죽고 말았다. 그의 마지막 말이다.

"서복 이놈, 짐을 속이고!"

사기는 언제나 욕심에 눈이 멀 때 당한다.

불과의 첫 만남

인간이 이 땅 위에 원숭이로서 처음 모습을 드러낸 이래 '인간으로서' 땅 위에 산 기간보다는 '원숭이로서' 나무 위에 산 기간이 훨씬 더 길었다. 러시아 아동 문학가요, 엔지니어인 미하일 일리인은《인간은 어떻게 거인이 되었는가?》란 책에서 이렇게 증언하고 있다.

'위에서 굶어 죽느냐. 아래서 먹혀 죽느냐.' 인간의 조상들은 죽음의 방법을 선택해야 하는 기로에 서 있었다. 기후가 바뀌어 주식이던 열매가 줄어들기 시작하자 나무 위에서 굶어 죽을 처지가 되었지만 나무 아래에는 맹수들이 있어 내려올 수도 없었던 것이다. 그때 용감한 원숭이들이 '내려가보자!'며 땅으로 내려와 오늘날 '지상의 왕자'로서 인간이 되었다. 그때 나무 위에 그대로 주저앉았던 겁쟁이 원숭이들은 여전히 '나무 위의' 원숭이로 남아 있다.

땅 위로 내려온 원숭이들은 맹수들과 싸워야 했다. 힘이 달리니 급한 나머지 곁에 있던 돌이나 몽둥이를 집어 들었다. 이 순간이 인류사를 여는 위대한 순간이었다. 인류의 첫 무기인 '몽둥이와 돌'이 원숭이들에게 '만물의 영장'이 될 길을 열어 준 것이었다.

지상으로 내려온 우리 조상들에게는 더 큰 축복이 기다리고 있었다. 바로 '불과의 첫 만남!'이었다. 이래저래 운이 좋았다. 이 불은 그리스신화의 주인공 프로메테우스가 하늘에서 훔쳐다가 인간에게 준 게 아니라 벼락불이었다. 어느 날 벼락이 떨어져 산불이 났다. 그것이 인류와 불과의 첫 만남이었다. 벼락이 떨어져 산불이 났을 때 우리 조상들은 놀랍고 두려운 나머지 다른 짐승들처럼 멀리 도망쳤다.

하지만 우리 조상들은 다른 짐승들보다 지혜로웠다. 또 용감했다. 여러 차례 산불을 겪다 보니 그 산불이 아무런 해를 주지 않는다는 사실을 알게 된 것이다. 그래서 용감하게 불 곁으

로 다가갔다. 그때 다른 짐승들은 우리 조상들의 그런 '무모한'
짓거리를 멀리서 지켜보기만 했다. 그때 조상들은 불에 알맞게
익은 사슴 다리를 집어 입에 넣어보았다. 기가 막힌 맛이었다.
더구나 불은 우군이기도 했다. 불 곁에 있으면 사나운 짐승들
이 다가오지 못했다.

수의에는 주머니가 없다

돌잔치나 백일잔치에 가보면 주머니가 주렁주렁 달린 옷을 아이한테 입혀놓은 것을 보았을 것이다. 이것으로 부족해 욕심 많은 부모들은 커다란 비단 주머니까지 아이의 허리춤에 따로 달아준다. 이 세상에 '빈손으로' 온 아이가 살아가면서 주머니를 꽉꽉 채우라는 부모들의 비원(悲願)이 서려 있다.

오고 간다. 왔으면 가야 한다. '빈손으로' 온 것처럼 '빈손으로' 간다. 빈손으로 가는데 주머니가 무슨 쓸모가 있는가. 그래서 죽은 사람의 옷인 수의에는 주머니가 없다. 태어나서는 '주머니가 달린 옷'을 입지만 죽어서는 '주머니가 없는 옷'을 입는다.

주머니는 욕심의 상징이다. 우리의 조상들이 수백 년 동안 입어왔던 한복을 유심히 한번 살펴보라. 주머니가 없다. 조끼에는 주머니가 달려 있지만 조끼는 우리 고유의 옷이 아니다. 이른바 개화복이다. 조선 말 개화기 때 서양에서 들어온 서양 옷이다. '호주머니'란 말이 있는데 주머니 앞에 호(胡)자가 보여주듯 욕심 많던 북쪽 오랑캐들의 주머니란 뜻이다. 호주머니도 조끼도 모두 밖에서 들어왔다.

혹시 '염불도 몫, 몫이요, 잿밥도 몫, 몫'이란 말을 들어보았는가? 절간 법당 가운데에는 부처님이 미소를 지으면서 앉아 있다. 그 부처님의 옷에는 주머니가 없다. 부처님을 본받아 '맑고 깨끗하다'는 스님이 입는 가사에도 원래는 주머니가 없었다. 그런데 요즘은? 가사 양쪽에 주머니가 달려 있다. 크기도 쌀자루만 하다. 그 속에 넣을 것이 그만큼 많아졌다는 뜻이다. 이제 몫, 몫이란 말이 어떻게 생겨났는지를 짐작할 수 있을 것이다. 교회 목사도 마찬가지다. 그렇게 크고 무거운 가방을 어깨가 쳐지도록 매고 다닐 일이 뭐가 그리 많다고.

알렉산드로스는, 칭기즈칸만큼은 아니지만 동서양에 걸친 대제국을 건설한 영웅이다. 알렉산드로스는 술을 썩 좋아해서

휘하 장군들과 폭탄주 마시기 시합을 자주 했다. 결국 과음으로 죽었다는 설도 있다. 그는 임종 시에 신하들을 곁으로 불러 모아 유언을 했다. 철학적이라 할 만했다

"나의 시신을 무덤으로 옮길 때 나의 두 손을 반드시 관 밖으로 내놓으라!"

신하들은 그의 엉뚱한 유언을 듣고는 놀랐다.

"그런 말은 일찍이 들어본 적이 없습니다. 세상에 그런 일은 없습니다! 폐하께서는 어쩌다가 그런 해괴한 생각을 하셨습니까? 폐하의 두 손을 관 밖으로 내놓으시라니 그게 무슨 말씀입니까?"

"나는 사람들에게 알렉산드로스 같은 사람도 죽어서는 역시 빈손으로 돌아간다는 사실을 알리고 싶을 따름이다."

공수래공수거(空手來空手去).

한판 붙자

지난 날 영웅들은 싸움을 한판 벌이고 싶을 때 욕설을 한다든가 야반에 몰래 기습공격을 한다든가 하지 않았다. '우리 한판 붙어보자'는 도전장을 상대에게 보냈다. 도전장이라고 내용이 '몇 월 며칠 어디서 한번 싸움을 해보자'는 식으로 직선적이지 않았다. 참으로 풍류스러웠고 여유로웠으며 스케일이 크고 감동적이었다.

싸움도 잘했고 인간미까지 넘쳤던 을지문덕 장군의 군대와 수나라 우중문의 군대가 압록강을 사이에 두고 대치하고 있었다. 우중문이 군대를 빼려 하지 않자 장군은 '그렇다면 좋다'며 그에게 편지를 한 통을 보냈다. 그 편지는 편지가 아니었다. 한

편의 시였고 천하 명문이었다.

'그대의 신묘한 전략은 천문을 꿰뚫었고 묘산은 지리를 통달하였네. 전승한 공이 이미 높았으니 돌아감이 어떨꼬.'

우중문은 그 시를 읽고는 '이놈이 내가 움직이지 않는다고 나를 놀리고 있구나. 그렇다면 좋다. 어디 맛을 한번 보아라'며 공격을 개시했다. 하지만 역사에서 보듯 우중문은 대패하고 말았다.

누구도 부정할 수 없는 영웅 조조는 그 유명한 적벽대전을 편지로 개시했다. 손권한테 보낸 딱 한 줄의 편지.

'지금 수군 80만을 이끌고 장군과 더불어 회렵(會獵)이나 한번 해볼까 하오.'

회렵이란 '어울려 함께 사냥을 한다'는 뜻이다. 그 편지를 받은 손권은 '그렇다면 조조, 이놈. 어디 뜨거운 맛을 한번 봐라'며 도전에 흔쾌히 응했다. 조조는 그 한판 싸움에서 손권의 말대로 뜨거운 맛을 보고 말았다. 싸움을 걸더라도 이렇게 서로 여유가 있었다.

기원전 334년 페르시아 군대와 신생 마케도니아 군대가 보스프러스 해협을 사이에 두고 대치하고 있었다. 마케도니아군은 그렇게 먼 곳까지 싸우러 왔으면서도 꼼짝하지 않았다. 페르시아군은 당황했다. 마냥 기다릴 수만은 없어 칠십 노구의 다리우스 황제는 이제 스물세 살밖에 안 된 애송이 알렉산드로스에게 편지 한 통을 보냈다. 안부편지가 아니라 한판 붙어보자는 내용이었다.

'나는 늙었고 그대는 젊다. 그래서 그대는 시간을 끌고 있는가?'

그때 다리우스 황제는 금을 가득 채운 큰 상자를 선물로 보냈다. 싸우면 당연히 이길 테니 그때 뒤돌려 받으면 된다는 생각이었다. 알렉산드로스는 답장을 보냈다.

'왕이여 다음에 또 나한테 편지를 쓸 때는 나에게 '나의 대왕이여'라고 쓰게 될 것이오!'

두 군대는 바로 한판 붙었다. 결과는 손권처럼 도전을 받았던 알렉산드로스 군대의 대승이었다. 이렇게들 피 튀기는 싸움을 하더라도 여유가 있었다. 옹졸한 구석이라고는 없었고 시원하기까지 했다. 우리나라 정치판에서 벌어지는 싸움은 어떤가? 참 비교되지 않는가? 멱살 잡고 막말하는 모양이 소인배의 개싸움이다.

해적질

해적질만큼 수입 좋은 업종은 드물게다. 우선 밑천이 덜 든다. 그리고 크게 한탕 했을 때 그 성취감이나 상쾌함은 하늘을 나를 듯하다. 그래서 일찍부터 너도나도 이 업종에 뛰어들었다. 바다에 배를 띄우기 시작하면서부터 해적질이 나타났다. 노다지를 얻을 수 있었기 때문이다. 옛날 그리스 사람들은 항해술을 익힌 뒤 해적질에 뛰어들었다. 그들은 해적질을 평생 직업으로 여겼고 수치스럽기는커녕 명예롭게 여겼다.

해적이 정식으로 역사 무대에 등장한 것은 기원전 4세기경이다. 재밌는 사실은 국영사업으로 당당하게 시작했다는 점이다. 해적들의 약탈이 국가재정수입의 큰 몫을 차지했다. 물론 사기업 형태의 소규모 민간 해적질도 있었다. 해적의 첫 소굴은 고대 페니키아의 연안 도시들로서 오늘날까지 레바논과 이스라엘에 그대로 남아 있는 티로스, 시돈, 베리토스였다.

고대 이집트의 시삭 왕은 돈이 무척 아쉬웠다. 그는 '그렇다면 한탕 하는 거다'라며 해적선들을 이스라엘 쪽으로 몰아 예루살렘 신전 등을 깡그리 털었다.

"르호보암 왕 제5년에 애굽왕 시삭이 예루살렘을 치고 여호와 전의 보물과 왕궁의 보물을 무수히 빼앗고 또 솔로몬이 만든 금방패를 빼앗아 갔다"(열왕기 상 15, 25-26)

한참 뒤 선거자금을 약탈과 해적질로 마련한 경우도 있었다. 물론 정치 자금법과는 상관이 없는 일이다. 1519년 독일에서는 왕 선거가 있었다. 입후보자는 스페인의 카를로스 왕과 프랑스의 프랑수아 왕, 두 사람이었고 유권자들은 독일 제후들이었다. 이 선거는 '돈 놓고 돈 먹기'식 선거였던지라 선거자금이 풍부한 쪽이 왕이 될 수 있었다.

당시 스페인은 세계 정상급 해적국이었다. 카를로스 왕은 금은이 풍부한 카리브해역에서 해적질을 해서 선거자금을 마련할 계획이었다. 프랑수아 왕은 그럴 형편이 못되었다. 하지만 곧 자신의 이마를 딱 쳤다. 자금을 마련할 아이디어가 번개처럼 머리를 스쳤다. 보물을 싣고 오는 스페인 해적선을 바다 가운데서 기다렸다가 다시 해적질하는 것! 참신한 아이디어였다.

프랑수아 왕은 계획대로 스페인 해적선을 몽땅 털고는 그 돈을 제후들에게 뿌렸다. 하지만 제후들은 돈만 먹고 입을 싹 닦아버렸다. 독일 왕가 자손인 스페인의 카를로스 왕에게 몰표를 준 것이다. 그렇게 카를 5세가 탄생했다. 그 뒤로 프랑스와 독일은 오늘날까지 관계가 껄끄럽다.

우리도 삼국시대 이래 왜구 해적들한테 시달려왔다. '왜구'란 말은 고려사에 등장하는데 '왜(倭)가 어느 곳을 구(寇)했다'는 말이 줄어들어 '왜구'가 되었다. 베트남 역시 해적국으로 전통이 빛나는 나라다. 근세에 들어서까지 그 이름을 빛냈다. 동서양의 물길목인 말라카해협이 영업무대다. 한때는 해적 종사자가 10만이 넘었던 것으로 알려진다.

3대 발명품

마오쩌둥과 덩샤오핑에 의해 개방, 개혁되기 전 중국인들은 자기 나라의 공원에도 마음대로 들어가지 못했다. 상하이에는 홍커우공원(루쉰공원)이 있는데 윤봉길 의사가 일본군에 폭탄을 던졌던 곳이다. 100년 전까지만 해도 중국인들은 그 공원 앞에 얼씬도 못했다.

'개와 중국인은 출입금지!'

당시 중국인들은 서양인들에게 개 취급을 당했다. 국제 역학관계 때문이었다. 힘이 약했기 때문이었다.

요즘 중국인들도 개방, 개혁 덕분에 힘이 좀 생기는 듯하자 국제관계에서 힘을 써보고 싶어 하는 듯하다. 힘이란 원래 있으면 써보고 싶은 속성을 갖고 있다. 그동안 중국이 국제관계에서 당한 것은 자업자득이었다. 힘의 원리를 너무나 몰랐고 자기네들이 최고인 줄 착각했기 때문이다.

역사시간에 나침반, 화약, 종이가 2,000년 전 중국에서 처음 발명되었다고 배웠을 것이다. 이 3대 발명품이 인류문명에 이바지한 것은 이루 다 말할 수 없다. 그런데 중국인들은 그 귀중한 발명품들을 어디에 썼던가? 중국인들은 아득한 주나라 때 발명된 나침반을 들고 산으로 들로 다니면서 집터, 왕궁터, 묘지를 찾는 데 이용했을 뿐이다. 서양은 어렵게 나침반을 전해 받고는 산이나 들로 가지 않았다. 거꾸로 바다로 갔고 항해술을 발달시켜 신천지를 찾아 나섰다.

화약 역시 마찬가지다. 중국인들은 화약을 대보름날, 설날 등 명절에 용 목구멍 속에서 불덩어리를 뿜게 하거나 폭죽놀이를 하는 데 사용했다. 베이징올림픽에서 수천 년 동안 쌓아온 불꽃놀이 실력을 목격하지 않았는가. 세계 최고다. 하지만 서양은 화약을 이용해 소총, 대포 등 무기를 만들었다.

후한의 채륜이란 환관이 처음 발명한 종이를 두고도 서양과 중국은 그 쓰임새가 너무 달랐다. 중국에서는 종이 위에다 운치 있는 산수화나 칠언절구의 낭만적인 시구를 휘갈겨놓고는 이를 감상하면서 술잔을 기울였다. 썩 풍류스러웠다. 이럴 때 서양 사람들은 그 귀한 종이 위에다 수학공식을 풀거나 기계도면을 그리거나 실험 결과를 기록했다.

그런 중국이었으니 과학과 기술, 무기로 무장한 서양한테 맥을 추지 못한 것은 백번 당연한 일이었다. 그런데도 당시 중국은 다리 부러진 장수가 성 안에서 호령하듯 큰소리만 탕탕 쳤다. 그런 중국을 모르던 서양에게 그 큰소리가 통하긴 했는데 그렇게 해서 나온 것이 황화론으로 앞으로 '잠자는 사자' 중국이 큰일을 낼 것이니 두렵다는 것이다. 독일 빌헬름 황제가 러시아 니콜라스 2세에게 한 말이다. 그런데 알고 보니 '잠자는 사자' 아니라 '잠자는 돼지'였다.

아편전쟁에서 중국의 밑천이 그대로 드러나고 말았다. 영국은 그 전쟁에서 중국의 3대 발명품을 삼위일체로 활용해 중국을 엎어버렸다. 나침반을 갖고는 중국으로 오는 물길을 열었고 종이 위에 그려진 물길을 따라 함대를 끌고 중국으로 와서 화약으로 만든 포탄으로 중국을 강타했다. 덩샤오핑은 서양인들에 대한 원수를 500년이 걸리더라도 갚고야 말겠다고 다짐했다.

훈장 풍년

옛 소련에서 노동절 같은 기념식을 하는 걸 TV를 통해 보면 참석자들이 한결같이 훈장을 가슴팍 하나 가득히 달고 있었다. 공산주의 국가 사람들은 훈장 달기를 좋아한 것 같다. 북한도 다름없다. 소련 사람들은 훈장을 온몸에 도배질하듯 빽빽하게 달고 있어도 체격이 늠름해서 그런지 듬직하게 보였다. 하지만 북한 사람들은 그렇지가 않았다. 깡마른 체구에 그렇게 해놓으니 훈장들 무게 때문에 가슴팍이 앞으로 기울고 허리가 휘어지는 것처럼 보여 가슴이 아팠다.

그들이 달고 있는 훈장 거의가 노동영웅훈장이다. 그 훈장을 타려고 얼마나 중노동에 시달렸을까? 북한의 훈장 이야기

는 슬픔을 자아내지만 한때 공산국가였던 몽고의 훈장 이야기
는 재밌다. 몽고의 재밌는 이야기는 북경 특파원을 오래 지낸
영국《가디언》의 베커 기자가 쓴《몽골 기행문》에 등장한다. 베
커 기자는 1989년 처음 몽골을 가서 희한한 모습들을 보고는
눈이 휘둥그레졌다.

몽골 여자들은 소련이나 북한 여자들보다 훈장을 더욱 좋
아했기 때문이다. 소련이나 북한 여자들은 무슨 기념식에서만
노동영웅훈장을 주렁주렁 단 채 엄숙하고 근엄한 표정을 지었
다. 하지만 몽골 여자들은 그렇지 않았다. 그들은 물을 길러 셈
으로 가거나 장바구니를 들고 시장으로 가거나 언제 어디서든
노동영웅훈장을 가슴팍에 가득히 달고 다녔다. 그 표정이 너무
나 즐거워 보였다.

더구나 그 훈장을 받게 된 내력이 기묘했다. 다른 공산주의
국가들에서는 등골이 휘어지게 열심히 일한 데 따른 것이었지
만 몽골 여인들은 일을 열심히 하거나 국가에 커다란 공훈을 세
운 것이 아니었다. '부부가 함께 열심히 노력하여' 아이를 많이
낳아 국가에 크게 이바지했다 해서 받은 것이었다. 정식 명칭
은 '어머니 영웅훈장.' 훈장 등급도 1~8급까지 다양했다. 그러

232

니 모두가 훈장 하나쯤은 다 달고 다니게 되어 있었던 것이다. 이 훈장의 원래 취지는 인구증가를 장려하여 나라를 부강하게 하는 것이었으나 나라는 부강해지지 않고 먹을 입만 늘여놓아 되레 가난해지기만 했다.

공산주의 국가에서는 그렇다 치고 인기를 올려보려고 훈장 제도를 사용한 적도 있었다. 조선의 고종이 그랬다. 인기를 올리기는커녕 웃음거리만 되고 말았지만 말이다. 황현의 《매천야록》이 이 서글픈 이야기를 전하고 있다.

고종의 사진을 보면 훈장을 잔뜩 달고 있는데 자신이 세운 표훈원에서 만든 것들이다. 거기서 만든 훈장을 갖고 크게 인심 한번 썼다. 매국노들에게까지 훈장을 수여했으니 훈장 줄 만한 사람들에게는 모두 다 주었다. 그래서 어쩔 수 없이 수훈범위를 넓힐 수밖에 없었다. '전국민에게 훈장을.' 그 결과 군대의 졸병들은 말할 것도 없고 여느 집 머슴들까지 모두 훈장을 가슴팍에 달고 다녔다. 종로 네 거리에는 훈장을 달고 다니지 않는 사람이 없다시피 했다. 길에서 훈장을 달고 다니는 사람들이 만나면 멋쩍어 서로 웃었다고 한다.

소 팔자

나는 소다. 구우도(九牛圖) 같은 그림을 보면 우리 등에 소년들이 타고 한가롭게 피리를 불거나 아니면 우리가 풀밭에 누워 풀을 한가롭게 뜯고 있는 등 우리의 팔자가 꽤나 늘어지고 낭만적인 것으로 비친다. 크나 큰 오해다. 우리는 어쩌다가 팔자 사납게도 이 나라에 태어난 것일까? 사람들은 미련하고 어리석은 사람을 빗대어 '소 같은 놈'이라고 할 정도로 우리를 부려먹었다. 영화 〈워낭소리〉를 보면 소가 '소처럼' 한평생 일하는 게 눈물겹다.

귀동냥이지만 인도의 소 팔자는 정말 좋다고 하더라. 누가 시 한 편을 읊고 났을 때 '얼마나 훌륭한가. 마치 소의 울음소리와도 같구나!'라고 평을 하면 찬사로서는 끝내준다. 더구나 인도 소들은 도시 큰거리를 어슬렁거려도 괜찮다. 말하는 사람이 없다. 아니, 사람들이 그 소들 앞에 가서 절을 넙죽 한다지 않는가.

말들의 대접은 또 어떤가? 어느 날 우리 집주인이 제대로 아는지는 모르지만 어쨌거나 클라우제란 사람이 독일어로 쓴《동굴인간에서 우주인까지》란 책을 읽는 소리를 곁에서 대충 엿듣고는 네 다리에 힘이 쫙 빠졌다. 너무나 기가 막혔다. 어느 아랍 노래는 '이 말을 두고 나의 말이라 부르지 말라. 나의 아들이라고 불러라'고 했고 알렉산드로스 대왕은 말을 너무나 숭배한 나머지 새로 정복한 도시들의 이름을 자신의 말 이름을 따서 '부케팔로'라 지었다지 않는가!

오늘날 우리는 하는 일이 딱히 없다. 좋은 세월을 만난 것이다. 천지개벽(天地開闢)이라고 해도 좋을 만큼 살아볼 만한 세상이다. 할 일이 없어 하루 종일 우리 안에서 되새김질하고 하품을 한다. '소같이 일한다'는 말은 다 옛말이다.

우리의 팔자는 농기계가 나오기 전까지는 쭈그러든 바가지였다. 아니, 팔자랄 것까지도 없었다. 하지만 5,000년 만에 팔자가 늘어진 까닭이 썩 얄궂다. 박정희 대통령의 농업기계화 정책에 따라 등장했던 농기계와의 실력대결에서 우리는 지고 말았다. 게임이 되지 않았다. 퇴출당했다. 그 퇴출이 우리의 팔자를 확 뒤집어놓은 것이다. 경운기 때문에 목덜미가 곪도록 쟁기와 수레를 끌거나 등골이 휘어지도록 짐을 나르지 않는다.

한편 사람들이 우리들한테 쏟는 정성이 눈물겹다. 옛날 우리의 먹거리는 뻣뻣한 짚이었다. 요즘은 간식으로도 입에 잘 대지 않는다. 주식은 영양가가 높고 위생적인 국가공인 규격품 사료다. 쇠파리 해충 따위도 다 옛말이다. 병원도 자주 드나든다. 어떻게 우리한테 이런 일이? 우리 몸이 바위처럼 무거워야 사람들이 목돈을 챙길 수 있기 때문이다. 우리 한우를 수입 소보다 더 쳐준다지 않는가.

독도는 우리 땅

단군 할아버지는 통 큰 어른이었다. 처음 나라를 세울 때 그 터를 참으로 넓게도 잡아두었다. 할아버지는 길고 흰 수염을 설한풍에 휘날리며 그 넓은 만주 땅을 빙 둘러 다니면서 곳곳에 말뚝을 박아놓았다.

"여기는 우리 땅! 내 자손들이 앞으로 대대로 뿌리박고 살 터전이다. 어느 놈도 감히 범접하지 말 것!"

자손들에 대한 깊은 사랑이었다. 조상보다 잘난 후손은 없다. 맞는 말이다. 지지리도 못난 자손들만 줄줄이 이어 나왔다. 조상이 물려준 그 넓은 땅을 온전하게 지키지 못했다. 온전하기는커녕 거의 다 뺏기고 말았다. 단군 할아버지가 땅 속에서 땅을 치며 통곡할 일이다!

고구려와 발해는 땅을 지키는 시늉이나마 했다. 신라, 고려 때는 그 넓은 땅을 오랑캐 놈들한테 아예 뺏기고는 압록강, 두만강 아래로 쫓겨 내려왔다. 그 후로 우리는 비좁은 한반도 땅에서 물 마른 논 구석에 몰린 올챙이들처럼 오글거리면서 살아왔다. 그 좁은 땅도 김일성이 반을 뚝 잘라서 딴 살림을 차려 나갔다. 김정일이 역시 '통이 컸다.' 뉘 땅이라고 백두산을 반으로 뚝 잘라 중국에 갖다 바쳤다. 우리의 땅은 줄어들 대로 줄어들었다.

못난 우리한테도 근래 참으로 놀라운 일이 있었다. 평화선(平和線)! 한국전쟁이 끝난 후 이승만 대통령이 동해 지도 위에 자를 대고 줄을 죽 끗고는 '이승만 라인'이라고 불렀다. 선견지명이 있던 지도자였다. 앞으로 일본 사람들이 제정신이 들면 시비를 걸어올 것 같아 독도를 기점으로 일방적으로 배타적 전관수역을 미리 선언해버린 것이었다. 한마디로 이 섬과 주변 수역은 우리 땅, 우리 바다이니 어느 나라도 함부로 들락날락하지 말 것! 독도가 공식적으로 우리 땅이 되었을 때 당시 일본은 주먹질을 몇 번 우리 쪽으로 해대더니 더는 말이 없었다. 일본 어선들은 얼씬도 못했다. 그 뒤로 한동안 독도를 두고 우리와 일본 사이에 네 땅이니 내 땅이니 말 한마디 없었다.

요즘 들어 일본은 힘이 남아도는지 왜구 근성이 도졌다. 왜구란 말은 《고려사절요(高麗史節要)》에 처음 등장한다. 고려 말 일본 해적이 우리나라 안을 들쑤시고 다니자 도저히 견딜 수 없어 원나라에 구원을 요청하는 글을 보냈다. 그 글 속에 왜구란 말이 처음 사용되었다고 한다. 그 뒤로 '왜구'는 일본 해적들의 공식명칭이 되었다.

30여 년 전 일본이 독도를 두고 시비를 걸어왔다. 그때 우리는 노래 한 곡조를 만들어 삼천리 금수강산이 떠나갈 듯 목이 터져라 합창을 했다. 일본은 잠잠했다. 노래 때문이 아니었다. 준비가 덜 되었던 것이다. 분위기가 익자 요즘 다시 독도문제를 꺼내 들었다. 이번에는 어떻게 할 것인가? 흘러간 유행가 '독도는 우리 땅'을 또 부를 것인가? 아니면 '촛불'을 들고 삼천리 금수강산 방방곳곳을 환히 밝힐 것인가? 그런데 이런 것들이 나라 밖에서 먹힐까?

어째서 상인(商人)인가

아무 생각 없이 '상인, 상인' 하지만 이 말이 생긴 내력을 알고 보면 참으로 슬프다. 옥편에서 상(商)자를 찾아보면 '장사할 상' '나라 상'이라고 나와 있다. 상인이라는 말은 바로 상나라에서 유래한 것이다.

오나가나 망국의 백성은 슬프다. 우리나라도 일본의 지배를 받게 되자 백성들이 만주 등 여기저기로 흩어졌다. 70년 이스라엘이 로마한테 망하자 로마는 이스라엘 백성들을 고향에서 모조리 쫓아냈다. 이스라엘 백성들은 온 세상으로 유랑 길에 나섰고 먹고 살기 위해선 낯선 땅에서 장사를 하는 수밖에는 없었다. 오늘날 장사꾼 하면 유대인을 쳐주는 데는 그런 슬픈 곡절이 있었다.

상나라는 주나라한테 망했다. 주나라는 상나라 사람들의 토지를 뺏고는 그들을 정든 땅에서 쫓아냈다. 상나라 백성들은 굶어 죽을 처지였지만 산 입에 거미줄 치게 할 수는 없었다. 먹고 살아야 했다. 그들은 장사 길에 나섰다. 싼 물건을 사서 비싸게 팔았다.

주나라 사람들이 볼 때 장사는 참으로 천한 짓이었다. '그런 천한 일은 상(商)나라 사람(人)들이나 하는 것'이라고 했다. '상인(商人)'이라는 말은 이렇게 해서 탄생했다. 상인이라는 말은 시작부터가 천했다. '상업(商業)' '상품(商品)'이란 말도 같다. '상나라 사람들의 일, 물건'이란 말이다. 이렇게 '상(商)'자가 머리에 붙은 것은 모두가 천한 것이었다. 우리에겐 '장사치'란 말이 있다. 고운 말은 아니다. 상인을 얕보는 말이다. 그래서 상인은 자신의 신분을 숨기려 들었다. 백성들의 계급을 나눌 때 농(農), 공(工), 상(商)이라 하여 상이 제일 꼴찌였다.

뜨내기 장사꾼의 생명은 신용과 성실이다. 오늘날 중국에서는 옛 상나라의 땅인 산시지방 사람들을 성실하다고 여기는데 그 점을 높이 사 산시지방 장사꾼을 '성가(誠賈)'라며 달리 쳐준다. 마오쩌둥은 죽을 때 대권을 화궈펑에게 넘겨주면서 '자네가 일을 맡으니 내 마음이 놓인다'고 했다. 산서 출신인 화궈펑은 정치력은 부족했을망정 사람 하나는 성실했다.

상인들은 등짐을 지고 마냥 떠돌아다닐 수 없으니 한곳에 주저앉아 '가게'를 열어 장사하기 시작했다. 전국시대의《안자춘추(晏子春秋)》에 따르면 상인들은 가게를 열고 상품선전을 해야 했지만 글을 몰랐다. 그래서 넓은 판자 조각에다 취급상품을 그림으로 죽 그려놓았는데 그것을 '초패(招牌)'라 불렀다. 광고술이 더욱 발전해 상품을 가게 앞에 매달아놓았다. '황자(幌子)'와 '망자(望子)'란 광고기법이었다. 오늘날 옷가게 앞에 청바지나 티셔츠 등을 걸어놓는 것도 여기에서 나왔다.

우리는 도시를 '시(市)'라 부르지만 중국에서는 '성(城)'이라 부른다. 중국의 '시(市)'는 시장(市場)을 말한다. 물론 상나라 사람들이 만든 것이다.《역경》의 계사(繫辭)편은 주나라 때의 시장 모습을 잘 전하고 있다.

'낮에 시장이 열린다. 천하 사람들이 몰려와서 천하에서 몰려든 물품을 사고팔고는 해가 지면 모두 제 집으로 돌아간다.'

속병으로 죽었다

구약 창세기를 보면 그때 사람들은 오래도 살았다. 그저 오래 산 것이 아니라 '동해물이 마르고 백두산이 닳도록' 살았다. 하느님이 손으로 흙을 주물럭주물럭 이겨 만들었다는 인류의 조상 아담이 930년, 대홍수의 주인공 노아도 950년. 이렇게 900년 이상 거의 1,000년을 살았다. 그렇게 오래 산 그들이 무슨 병으로 죽었는지는 구약도 아무런 말이 없다.

내가 어렸을 때만 해도 환갑을 맞은 사람을 두고 참으로 오래 살았다며 모두들 부러워했다. 그래서 옛날에는 임금님이 환갑을 맞은 사람에게 장수축하로 어사화를 내렸다. 물론 내가 어릴 때는 마을 사람들이 그것을 만들어 씌워주었다.

요즘은 환갑을 저주스럽게 여기고 있다. '살 만큼 살았으니 이제는 죽어도 좋다'고 받아들여 기분 나쁜 것이다. 그래서 환갑잔치를 하는 사람이 드물다. 아니, 아예 없다. 이렇듯 오늘날 사람들은 오래 살고 있는데 옛날 사람들은 왜 일찍들 죽었을까?

세르반테스의 소설 《돈키호테》를 보면 돈키호테의 마을에는 의사가 있었다. 그 마을 이발사가 바로 외과의사였다. 이발사가 이발도구인 가위나 면도칼을 갖고는 환자들의 상처를 째고 자르고 했다. 400년 뒤 내가 자란 시골마을에는 참으로 희한한 의사가 있었다. 용하다는 소문이 파다했던 치과의사였는데 그는 엉뚱하게도 목수였다. 그는 집게로 나무판자 속 깊게 박혀 있는 못을 뽑듯 아픈 이를 빼냈다. 인정사정이 없었다. 죽기 아니면 까무러치기였다.

그 당시 누가 아프면 병명이란 것이 딱히 없었다. 그때도 간암, 폐암, 위암 등 암이 흔했지만 마을 사람들 가운데 누가 그런 병으로 죽으면 사람들은 '아, 그 젊은 사람, 청춘이 구만리 같은데 아깝게도 그만 속병으로 죽었다는군'이라고 했다. 물론 틀린 말은 아니다. 몸 안에서 생겨난 병이니 속병은 틀림없는 속병이다. 심한 노동을 했던 사람이 죽으면 골병으로 죽었다고 했다.

그렇다면 심근경색이나 뇌졸중으로 갑자기 죽으면 뭐라고 했을까? 급살이라고 했다. 속병으로 죽든 골병으로 죽든 급살을 맞았든 그 원인은 이랬다.

"그렇지, 조상 산소를 함부로 옮기는 것이 아니었어. 거기서 분명히 탈이 난 것이야."

"새로 이사한 그 집터의 기가 너무 센 거야."

그렇다. 옛 사람들은 모두 속병, 골병, 화병 아니면 급살로 죽었다. 홍진으로 죽는지 뭐로 죽는지 몰랐다. 그리고 모두 조상 탓, 집터 탓이었다. 핑계 없는 무덤은 없다는 말처럼.

큰 것이 좋아

진시황의 어머니인 조희는 젊었을 때 조나라 서울 한단에서 기생 일을 했다. 그녀는 돈 벌러 나섰다가 돈은 벌지를 못하고 색술(色術)만 잔뜩 몸에 익혔다. 진시황의 아버지 장양왕이 죽고 없자 외로워 죽을 지경이던 그녀는 남자 신발짝만 보아도 몸이 떨리곤 했다. 그때 한단 시절 애인이었으며 진나라 재상으로 있던 여불위에게 눈독을 들였다.

여불위 또한 마다하지 않았다. 반가웠다. 그들은 다시 만나 천둥번개처럼 불꽃을 튀기면서 어울렸다. 진시황이 어렸을 때는 아무런 걱정이 없었지만 진시황의 나이가 남녀관계를 알 만큼 되자 여불위는 겁이 덜컥 났다. 진시황이 모후 조희와의 사통을 알게 될 때는 엄격했던 진나라 법에 따라 바로 죽음이었다. 눈앞이 캄캄했다. 그러나 조희는 헤어질 마음이 눈곱만큼도 없었다. 큰일이었다.

여불위는 '그렇다면 이판사판이다!'라며 조희한테 자신의 물건보다 큰 사내를 붙여주기로 했다. 마침 그런 사내가 있었다. 여불위의 머슴인 노애였다. 그놈의 물건이 얼마나 컸는지는 사마천의《사기》여불위전에 등장한다.

"때로는 노애를 놀이에 불러내 그의 음경으로 오동나무로 만든 수레바퀴를 꿰어 들고 돌아다니게 했다."

과연 노애란 놈의 물건이 '거물에 괴력'임을 알고도 남음이 있겠다. 조희는 노애를 만나고는 감탄이 절로 나왔다.

우리네 여인네들이라고 달랐을까? 성현의《용제총화》를 보면 남자를 아는 아녀자가 아니라 '큰 것'을 좋아하는 처녀 이야기가 나온다. 어느 처녀에게 중매쟁이가 찾아와서는 배필 후보 총각들에 대해 설명했다. 어느 총각은 문장이 뛰어나고 어느 총각은 말을 잘 타고 활을 잘 쏘고. 또 어느 총각은 못 아래에 수십 마지기 좋은 논이 있고 마지막 총각은 양물이 강성하여 무거운 돌주머니를 어깨 너머로 훌쩍 넘긴다고. 중매쟁이는 이 중

252

에서 골라잡으라고 했다. 설명을 조용히 들은 뒤 처녀는 시 한 수로 대답을 대신했다.

'문장이 능숙하면 노고가 많고 활을 잘 쏘면 전쟁이 나면 죽기 쉽고 못 아래 좋은 논도 홍수 나면 떠내려가기 쉽고 양물이 강성하여 돌주머니를 어깨로 넘긴다니 내 마음에 꼭 들어요.'

자동차 이야기

한국전쟁 직후 어느 겨울 김장철이었다. 낙동강 쪽으로 무, 배추 등 김장감을 실으러 오는 화물차들이 더러 있었다. 그 차를 한번 타보고 싶었던 나는 학교를 마친 뒤 김장감을 열심히 차에 실어주었다. 그러면 운전사가 차를 태워주었다. 그런데 차를 타고 십 리를 가면 바로 집 근처인데 더 타고 싶어 마을을 지나 삼십 리 더 가서 차에서 내리곤 했다. 집에 오려면 이십 리를 걸어야 했다. 별들이 쏟아지던 밤길 그 정도 수고로움은 문제가 아니었다. 큰 기쁨이 있었기 때문이다. '나는 차를 타보았다!' 동네방네 자랑하면 모두가 부러워해 하룻밤 사이 영웅이 되었던 것이다.

1903년 삼천리 금수강산을 누비던 자동차는 딱 한 대로 고종 황제 전용의 미국제 포드 승용차였다. 그 무렵 만백성은 그 자동차가 굴러 가는 모습을 한 번 보는 것이 소원이었다. 백성들은 대궐 앞에 인산인해로 모여 앉아 그 차가 굴러 나오기를 눈이 빠지도록 기다렸다.

그때 말이 끄는 마차는 있었지만 자동차라는 것은 달랐다. 사람들을 놀라게 했다. '붕'하면서 시꺼먼 연기를 꽁지에서 한 번 뿜고는 저절로 쏜살같이 달려갔기 때문이다. 어찌 기절초풍하지 않을 수 있었겠는가. 스스로 간다고 해서 '자동차(自動車)'라고 불린 그 수레는 고종 즉위 40주년 기념으로 외국공관을 통해 들어왔다. 가격은 쌀 600가마.

차 주인 고종이야 황제이니 높고 귀한 몸이었지만 그 차를 몰던 운전사 역시 덩달아 높고 귀했다. 하기야 대감의 말잡이와 아전의 말잡이가 같을 수야 없지 않은가. 호칭은 운전관. '관'자가 벌써 보란 듯 번듯하게 붙어 있었다. 그의 힘이 짐작이 가고 남는다. 당시 장정 머슴의 1년 세경이 고작 쌀 여섯 가마, 군수라 할 사또가 한 달에 쌀 열 가마를 받았다. 운전관의 월급은 사또의 두 배인 쌀 스무 가마. 그리고 한일합방 뒤 신작로가 열리면서 자동차의 수도 늘었다. 운전사들의 인기는 참으로 대단했다. 아울러 수입도 대단해서 신랑감 후보 0순위!

1945년 광복하던 그해 자동차 7,000여 대가 전국 신작로를 누비고 있었다. 그런 자동차들이 한국전쟁 통에 씨가 말랐고 미군이 쓰다 버린 지프나 트럭을 뜯어고쳐 굴리기 시작했다. 손재주 하면 단연 우리나라 사람이 제일 아닌가. 곧 '시발차' '나이론 버스' 시대를 맞았다. 미군의 고물 지프차를 해머로 두드려 만든 승용차나 택시를 '시발차', 트럭을 그렇게 만든 버스를 '나이론 버스'라 불렀다.

그 후 1962년 5·16 군사쿠데타는 조국 근대화 깃발을 높이 들었다. 근대화하는 마당에 미군 고물차들이 길거리를 누벼서는 안 될 일이었다. 그 타개책이 일본 닛산 자동차와 기술제휴해 '새 나라' 자동차를 생산하는 것. 우리나라 자동차 역사에 뜻깊은 일이었다. 1975년 현대자동차에서 생산한 '포니'가 고속도로를 달리기 시작했다. 현재 우리나라에는 자동차 2,000여만 대가 이곳저곳을 질주하고 있다! 격세지감!

배가 아프다

‘사촌이 땅을 사면 배가 아프다.’

우리네 속담이다. 남이 잘되는 꼴을 보면 배가 아니라 온몸이 쑤시고 아프다. 시기, 질투심 때문이다. 심리학자들은 ‘사람을 사람답게 하는 게 시기심’이라고 한다. 시기심이 없으면 사람이 아니라는 말과 같다.

한 어머니의 아이와 동서의 아이가 입학시험을 함께 치렀고 나란히 합격했다. 마땅히 경축할 일이나 사실은 그렇지가 못하다. 그 어머니는 기쁘기는커녕 어쩐지 마음이 허전하다. 동서의 아이가 합격되었기 때문이다. 차라리 두 아이 모두 시험에 떨어졌으면 좋았을 걸 하고 생각하다가는 ‘내가 어떻게 이런 나

뻔 여자가 되었을까?'라고 반성을 한다. 아무리 반성하고 자학한들 인간으로서는 어쩔 수 없는 일이다. 셰익스피어는 이 시기심을 두고 질 나쁜 간계라고 말했다.

시기심은 알다가도 모를 것이다. 묘하다. 그 어머니가 동서와 같은 또래가 아니고, 지체가 자신보다 월등히 높은 사람의 아이가 시험에 합격했을 경우에는 시기심은 생기지 않을 것이다. 덤덤했을 것이다. 독일의 괴테는 시기심에 대해 송곳처럼 정확하게 이야기했다. '사람 사이에서만 질투도 하고 시기도 한다.'

왕이 혼자 잘 먹고 잘산다고 농부는 시기하지 않는다. 담 넘어 이웃 농부를 시기할 따름이다. 이런 일을 두고 아득한 옛날 그리스 전원시인 헤시오도스도 멋진 말을 남겼다. '목수가 목수를, 거지가 거지를, 그리고 가수가 가수를 각각 시기하고 있다.' 역시 끼리끼리다. 특히 여자의 시기는 불똥을 튀긴다. 모임에서 어느 여자가 자기보다 어느 모로 보나 돋보인다 싶으면 살벌하게 도끼 눈을 뜬다. 살인적이다.

회남자(淮南子)의 《설림훈편(說林訓篇)》에는 이런 말이 나온다. '술장수가 돈 버는 것이 보기 싫어 술을 사 마시지 않으면

제 목만 컬컬할 뿐이고 마차꾼이 돈 버는 게 보기 싫어 마차를 타지 않으면 제 길만 못 갈 것이다.'

그런데 시기심, 질투심이 꼭 나쁜 면만 있는 것일까? 사람한테 이것들이 없었다면 오늘날 찬란한 문명은 꿈도 꿀 수 없었을 것이다. 역사발전의 원동력이었다. '그렇게 거창하게까지'라고 할 사람도 있을 것이다. 하지만 시기심이 무엇인가? 뒤집어 생각하면 남한테 지기 싫은 것 바로 그것이다. 남에게 지지 않기 위해 남보다 더 노력하는 것은 시기심의 긍정적이요, 건설적인 면이다. 하지만 시기심이 한발 더 나아가면 증오가 된다. 증오는 폭력을 부른다.

솔로몬의 재판

구약에 나오는 솔로몬의 재판은 역사상 가장 유명한 재판이다. 뭐 그리 대단한 것은 아니고 아녀자들 싸움의 시시비비를 가린 재판이다. 두 여자가 아기 하나를 두고 서로 자기 아이라고 시비가 붙었다. 솔로몬 왕이 이야기를 들어보니 율법(법조문)에도 없는 상황이었다. 난감한 솔로몬 왕이 머리를 벅벅 긁고 있을 때 하느님이 그 모양을 보고 긍휼히 여겨 '하느님의 지혜'를 한 수 가르쳐주었다.

솔로몬 왕은 '싸울 필요 없이 아기를 칼로 두 토막을 내서 공평하게 나누어 가지라'고 재판했다. 그 판결에 진짜 아기 엄마가 기겁을 하고는 아기를 다른 여인에게 그냥 주라고 통 사정을 했다. 솔로몬 왕은 '옳거니, 네가 진짜 아기 엄마로구나'라며 재판을 간단하게 끝냈다. 만사가 법만 갖고 되는 것은 아니다.

참 골치 아픈 것이 육법전서다. 우수의 기사 돈키호테를 어름어름하고 좀 덜떨어진 사람으로 다들 알고 있겠지만 참으로 사려 깊은 사람이었다. 그는 법조문을 갖고 요리조리 따지면서 쩨쩨하게 굴던 법관들을 못마땅하게 여겨 이렇게 말했다.

"법관은 법조문에 매달려 엄벌에만 마음을 쓸 것이 아니라 인정미 훈훈하게 여유롭게 재판하는 것이 좋다."

돈키호테의 가르침을 새삼 이해를 하고는 이를 따르는 법관들이 요즘 흔해졌다. 특히, 미국 법관들이 그렇다. 그들은 골치 아픈 법규집을 아예 덮어놓고 진짜 '양심에 따라' 재판을 하고 있다. 그 판결에는 사람 냄새가 나서 좋다. 400년도 넘어서 자신의 사상이 비로소 빛을 보게 되었으니 돈키호테는 얼마나 흐뭇할까. 몇몇 판례를 살펴보자.

하와이의 어느 법원에서 자동차 도둑인 스보브랜드는 자신의 형량이 마음에 들지 않는다며 판사한테 욕을 몇 마디 했다. 그 결과 그는 감방에서 '나는 두 번 다시는 판사한테 욕을 하지 않겠다'는 다짐을 1만 번 쓰게 되었다. 텍사스의 한 법원은 술에

취해 아버지 차를 훔쳐 타고 가다가 경찰에 붙잡힌 티모시의 아
버지에게 자녀교육을 게을리 한 죄로 30일 구류처분을 내렸고
티모시에게는 방과 후 경찰차를 세차할 것을 명령했다. 한 남자
가 술집에서 술을 마시고 난동을 부리다가 옆 손님의 한쪽 눈을
다치게 했다. 다친 남자는 한쪽 눈을 가리고 다녀야 했다. 오리
건 주의 한 법원은 난동을 부린 남자에게 치료비 배상은 물론이
고 다친 남자가 얼마나 답답한지를 알아야 한다며 6개월 동안
검은 안대를 하고 다니도록 명령했다. 루이지애나 주의 한 법원
은 교통 위반자에게 주일마다 교회에 나가서 참회하고 그 교회
목사한테서 확인서를 반드시 받아올 것을 명령했다.

족보

웬만한 집에는 족보가 있다. 자자손손 대물림으로 내려오는 족보에는 훌륭한 조상의 이름들이 얹혀 있어야 어디에서 누구를 만나든 후손들은 어깨에 힘을 줄 수 있다. 그 내용이 화려할수록 더더욱 좋다. 그러니 자연스럽게 위조가 판을 칠 수밖에 없다.

중국에도 물론 족보가 있다. 아니 중국은 족보 원조국이다. 중국에서도 족보는 내용이 좋아야 했다. 내용이 시원찮으면 어딜 가도 주눅이 들고 사람대접을 제대로 받지 못했다.

한 고조 유방은 어쩌다가 한나라를 세웠지만 출신은 참으로 형편없는 사람이었다. 그는 시골 마을 패(沛)라는 곳의 건달이었다. 요즘 말로 조폭이었다는 것이 더 정확하겠다. 고향에서 주먹 쓸 만한 일을 부탁받아 해결해주고 공술을 얻어먹거나 용돈을 받아썼다. 그의 아버지 역시 별 볼 일 없는 인물이었다. 술꾼에 건달이었다. '그 그릇 속에 그 밥'이라는 말이 딱 들어맞는 부자였다.

유방이 한나라를 세운 뒤 뿌리 문제가 불거져 나왔다. 유방의 족보를 제왕가의 내용으로 고쳐야 된다는 것. 하지만 유방은 시원하게 이를 거부했다.

"허, 족보 말인가? 다들 알면서 왜 그래? 내가 별 볼 일이 없는 집안 자손이라는 걸 다 아는데 족보를 따질 필요가 있겠나."

그 말을 들은 신하들은 되레 송구스러워 했다.

같은 지배자라도 스탈린은 유방만 못했다. 그도 형편없는 집안 출신이었다. 스탈린의 아버지도 유방의 아버지처럼 술꾼이었고 고향 그루지야 거리에서 술 바가지를 덮어쓴 채 죽었다. 이 술망나니가 하녀를 건드려 낳은 것이 바로 스탈린이었다. 처음에 스탈린의 이름은 우리말로 '돌쇠'였다. 출세한 뒤 이름을 스탈린, 즉 '강철의 사나이'로 바꾸었고 족보도 그루지야 왕족으로 호화롭게 포장했다. 영국 여류작가 매리 러셀의 《소비에

트 그루지야라 부르지 말라》에 나오는 이야기다. 이 작가는 잘 나가다가 참으로 무엄한 소리를 덧붙여놓았다. '예수도 사생아였는데 유명해지자 하느님을 아버지로 끌어다 붙였다는 것.'

예수의 그 족보 때문에 학창시절 나는 죽을 고생을 했다. 나는 기독교 계통 학교를 다녔던지라 성경을 배워야 했다. 당연히 시험이 있었다. 그 시험 중에 예수의 족보 외우기가 있었다. 성경을 읽어본 사람은 알 것이다. 예수가 어떤 가문 출신인가. 시조 아브라함 때부터 예수까지 거의 3,000년이나 이어지고 있다.

'아브라함이 이삭을 낳고 이삭은 야곱을 낳고 야곱은 유다와 그 형제들을 낳고 유다는 또 ……'

이렇게 '낳고, 낳고'를 몇 대씩 외워 내려가다가 뚝 끊어지면 '아이고, 두야'라며 성경을 저만치 밀쳐놓았다. 나는 불효하게도 증조부의 함자도 제대로 외우지 못했다.

옛날에는 가진 것 없고 지체가 낮으면 족보를 꾸미질 못했지만 양반, 상놈 구별 없는 요즘에는 다들 번듯한 족보 만들기에 눈을 돌린다. '같은 값이면 다홍치마'라고 빵빵하고 뼈대 있는 혈통을 갖고 싶은 마음에 돈을 들여가며 위조까지 한다. 족보 좀 고치고 위조한다고 잡아갈 사람은 없다. 돈만 있으면 좋은 족보 갖기 좋은 세상이다.

역사의 뒷담화

초판 1쇄 인쇄 2010년 4월 5일
초판 1쇄 발행 2010년 4월 12일

지은이 박철규
펴낸이 이범상
펴낸곳 (주)비전비엔피·애플북스

기획 편집 박승범 윤수진 박효진
디자인 정정은 강진영
영업 한상철 한승훈
마케팅 이재필 김희정
관리 박석형 이미자 박철호

주소 121-894 서울시 마포구 서교동 377-26번지 1층
전화 02)338-2411 | **팩스** 02)338-2413
이메일 ekwjd11@chol.com/visioncorea@naver.com
카페 http://cafe.naver.com/vision9861

등록번호 제313-2007-000012호
ISBN 978-89-94353-01-2 03900

· 값은 뒤표지에 있습니다.
· 잘못된 책은 구입하신 서점에서 바꿔드립니다.

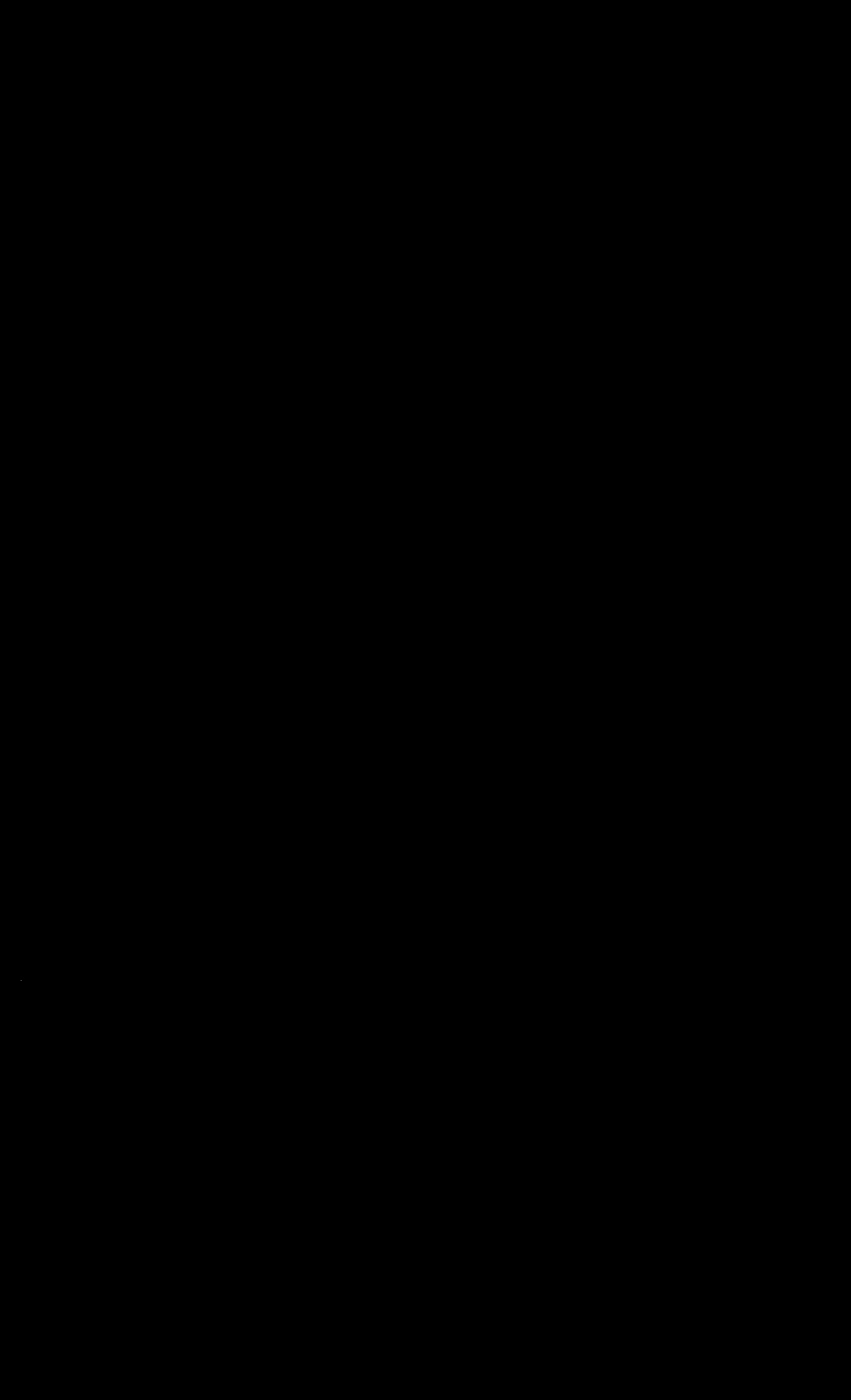